DELÉITATE
en
DIOS

Libros de A. W. Tozer publicados por Portavoz:

El Consejero: Una conversación franca sobre el Espíritu Santo

Diseñados para adorar

Deléitate en Dios

Fe auténtica

Fe más allá de la razón

Lo mejor de A. W. Tozer, Libro uno

Lo mejor de A. W. Tozer, Libro dos

Los peligros de la fe superficial

El poder de Dios para tu vida

¡Prepárate para el regreso de Jesús!

La presencia de Dios en tu vida

Una fe incómoda

La verdadera vida cristiana

Y Él habitó entre nosotros

A. W. TOZER

Compilado y editado por James L. Snyder

DELÉITATE
en
DIOS

Editorial
PORTAVOZ

La misión de *Editorial Portavoz* consiste en proporcionar productos de calidad —con integridad y excelencia—, desde una perspectiva bíblica y confiable, que animen a las personas a conocer y servir a Jesucristo.

Título del original: *Delighting in God* © 2015 por James L. Snyder y publicado por Bethany House Publishers, 11400 Hampshire Avenue South, Bloomington, Minnesota 55438. Bethany House Publishers es una división de Baker Publishing Group, Grand Rapids, Michigan. Traducido con permiso.

Edición en castellano: *Deléitate en Dios* © 2017 por Editorial Portavoz, filial de Kregel, Inc., Grand Rapids, Michigan 49505. Todos los derechos reservados.

Traducción: Daniel Menezo

Ninguna parte de esta publicación podrá ser reproducida, almacenada en un sistema de recuperación de datos, o transmitida en cualquier forma o por cualquier medio, sea electrónico, mecánico, fotocopia, grabación o cualquier otro, sin el permiso escrito previo de los editores, con la excepción de citas breves o reseñas.

A menos que se indique lo contrario, todas las citas bíblicas han sido tomadas de la versión Reina-Valera © 1960 Sociedades Bíblicas en América Latina; © renovado 1988 Sociedades Bíblicas Unidas. Utilizado con permiso. Reina-Valera 1960™ es una marca registrada de American Bible Society, y puede ser usada solamente bajo licencia.

EDITORIAL PORTAVOZ
2450 Oak Industrial Drive NE
Grand Rapids, Michigan 49505 USA
Visítenos en: www.portavoz.com

ISBN 978-0-8254-5693-0 (rústica)
ISBN 978-0-8254-6566-6 (Kindle)
ISBN 978-0-8254-8727-9 (epub)

1 2 3 4 5 edición / año 26 25 24 23 22 21 20 19 18 17

Impreso en los Estados Unidos de América
Printed in the United States of America

Contenido

Introducción 7

1. La realidad de nuestra percepción de Dios. 13
2. El fundamento de nuestra percepción de Dios. 25
3. Nuestra percepción de Dios y la Iglesia. 35
4. Una percepción deficiente de Dios 45
5. Restaurando nuestra percepción de Dios. 57
6. Motivos para una mala percepción de Dios. 67
7. La percepción de nuestra relación con Dios. 77
8. Nuestra percepción de Dios lo determina todo 89
9. Nuestra percepción de Dios determina nuestra comunión con Él 101
10. Nuestra percepción de la perfección divina. 111
11. Nuestra percepción de la gracia divina 123
12. Nuestra percepción de la misericordia divina. 133
13. Nuestra percepción de la bondad divina 143
14. Una percepción elevada y santa de Dios 151
15. El efecto de nuestra percepción de Dios 159
16. Nuestra percepción de Dios marca nuestra vida de oración 169
17. Nuestra percepción de Dios en la creación. 177
18. La percepción de nuestra plenitud en Jesucristo 183

Introducción

Deleitémonos en el Dios al que adoramos

Cuesta bastante pensar en A. W. Tozer sin que nos vengan a la mente los atributos de Dios. Uno de sus libros, que se ha convertido en un clásico devocional, se titula El conocimiento del Dios santo. Este fue el último libro que escribió y representa la culminación de años de estudio, oración y predicación. Personalmente, leo este libro una vez al año.

En cierta ocasión, durante un sermón que pronunció en Chicago, el Dr. Tozer hizo a su congregación una petición bastante personal. Era algo que no solía hacer, pero fue interesante escuchar cómo hacía un llamado tan personal.

> Quiero que oren por mí. Deseo que pidan a Dios que me ayude y me permita vivir lo suficiente para escribir un libro sobre sus atributos, desde un punto de vista devocional. Lo tengo en mente y quiero hacerlo, pero estoy muy ocupado con todas las otras cosas que tengo entre manos. Oren por mí para que el Señor cumpla su propósito en mi vida. Quisiera hacer esto y exponer a esta generación un concepto elevado del gran Dios Todopoderoso en sus tres Personas. Cuando muera, no me gustaría que el mundo dijera: "¿Verdad que Tozer era listo, elocuente e ingenioso?". No, me gustaría que dijera: "Te alabamos, Dios. Reconocemos que eres el Señor. Glorifiquemos al Padre eterno; que todos los ángeles clamen diciendo: '¡Santo, santo, santo, Señor

Dios de los ejércitos! ¡El cielo y la tierra están llenos de la majestad de tu gloria!'". Esto es lo que deseo hacer. Quiero dejar a mis espaldas el aroma de Dios, de modo que la Trinidad reciba todo el mérito.

Creo que esta oración ha sido respondida más allá de las humildes expectativas de Tozer. *El conocimiento del Dios santo* ha sido de bendición para muchas personas desde el momento de su publicación.

La gran pasión del corazón y el ministerio de Tozer era Dios. Quería estimular a las personas y, en consecuencia, muchos le malinterpretaron. Por supuesto, él sabía que no conseguiría que todos subieran a bordo, pero buscaba a ese remanente que sintiera tal pasión por Dios que continuase con el ministerio que Dios le había confiado a él. No predicaba o escribía para todo el mundo, sino, concretamente, para quienes tenían un corazón para Dios.

En este libro, que se basa en sermones que predicó el Dr. Tozer en muy diversos lugares, apreciamos cuál era la carga de su corazón. La mayoría de sermones asociados con este libro se predicó después de la publicación de *El conocimiento del Dios santo*. A pesar de que escribió el libro, fue incapaz de agotar el tema. Dedicó los últimos años de su vida a predicar acerca de Dios. A veces lo invitaban a una serie de conferencias bíblicas para que predicase sobre un tema concreto, y con frecuencia aceptaba sus directrices, pero su pasión era predicar a Dios.

Lo interesante de este estudio es el hecho de que, según dice el Dr. Tozer, lo que pensamos de Dios afecta a todos los aspectos de nuestras vidas. A menudo decía que es posible adivinar el futuro de una persona si entendemos su percepción de Dios. Esa era la clave. Desde el punto de vista de Tozer, lo más importante era lo que pensaba de Dios una persona.

Creo que esto se le aplicaba a él mismo. Para entender realmente su trabajo y su ministerio, es necesario comprender su percepción de Dios (lo que pensaba de Él), quién era Dios desde su punto de vista. A Tozer no le interesaban las tendencias pasajeras que se infiltraban en la iglesia de su época. Sin embargo, le preocupaban tales cosas porque, como veremos en este libro, desde su punto de vista esas tendencias producían un efecto negativo sobre la iglesia, y eran las culpables de algunas de las carencias que veía en ella.

No todo el mundo apreciaba al Dr. Tozer o su enseñanza, y él lo entendía. En este libro hallamos una referencia a una carta que escribió un profesor de un seminario, quien con bastante firmeza discrepaba del Dr. Tozer sobre la doctrina del Espíritu Santo. Él raras veces respondía a las críticas. No sé si es que simplemente no tenía tiempo para ello, o si le faltaba la voluntad. Pero algunos se mostraban muy críticos con el Dr. Tozer sencillamente porque no comprendían su percepción de Dios.

Incluso en sus tiempos, Tozer se quejaba de la mediocridad de la iglesia cristiana. Se quejaba de que la adoración había caído a un nivel muy bajo, despreciable. Me pregunto qué diría hoy día. Tozer creía firmemente que nuestra adoración de Dios debía ser digna de Él. Para conseguir esto, debemos saber quién es Dios en realidad.

A Tozer no le interesaba la metodología, la tecnología ni nada por el estilo. No le interesaba saber cuánto sabías *acerca de* Dios. Por supuesto, eso era el punto de salida. Lo que le interesaba era el propio Dios, su naturaleza y su carácter, y cómo se nos ha revelado por medio de su Palabra.

El problema con el panorama eclesial, tal como lo percibía Tozer en su época, era el mismo al que nos enfrentamos hoy; simplemente podemos decir que ha empeorado. Desde aquellos tiempos no ha cambiado gran cosa, excepto que la iglesia cristiana se ha ido deslizando cada vez más con el paso de las generaciones.

Tozer no escribía ni predicaba a los mediocres. A quienes les bastaba con seguir haciendo todo igual no les interesaba leer nada de lo que tenía que decir Tozer. La esencia de Tozer, así como su predicación y sus escritos, fue una pasión por Dios que invadía toda su vida. No importaba nada más. Creía que debemos regocijarnos en Dios todos los días, pero nunca aposentarnos y conformarnos con el punto en el que estamos espiritualmente. Su lema cotidiano era "Avanzar hacia la perfección".

Este no es un libro que puedas leer y dejarlo luego en una estantería. Creo que lo que Tozer pretende expresar en este libro es, simplemente, que tu pasión por Dios determinará tu estilo de vida. No puedes decir que crees en Dios y luego manifestar conductas que entren en conflicto con el carácter y la naturaleza santa de Dios. Ambas cosas son incompatibles. Si en ti hay algo que no sea santo, en realidad es que no hay nada santo en tu vida. El cristianismo no es una religión en la que respetas determinadas normas, reglamentos y rituales; el cristianismo es una pasión por Dios que solo se puede satisfacer cuando acudimos a Jesucristo.

En lo más profundo del alma humana está esa imagen de Dios que solo puede satisfacer la eternidad. Cuando intentamos llenar ese espacio con cosas temporales, nunca quedamos satisfechos. El hombre más rico del país nunca está satisfecho con sus riquezas. La persona más famosa del mundo no está satisfecha con su popularidad. Todas ellas saben que la riqueza y la popularidad de nuestras vidas naturales pueden desaparecer con la misma rapidez con que llegaron. Algunos de los hombres más acaudalados se suicidan porque sus vidas están vacías y carecen de sentido. El hombre fue creado para ser lleno de eternidad. Y esa eternidad empieza con Jesucristo, el Hijo eterno, que entra en nuestras vidas.

Al final de cada capítulo hay un himno que tiene relación con el tema del mismo. Si sabes algo del Dr. Tozer, sabrás que tenía un apetito y un aprecio insaciables por los himnos de la iglesia. Sus comentarios sobre la himnología son esclarecedores y debemos enfatizarlos en nuestra época. Quizá nos enfrentemos a una generación que le ha dado la espalda por completo a los himnos tradicionales de la iglesia. Esos himnos los escribieron hombres y mujeres que sentían tanta pasión por Dios que muchos de ellos perdieron la vida a causa de ella. Los himnos nacieron de su experiencia personal con Dios que en muchos casos los desbordaba.

Hoy disponemos de canciones breves y llamativas, músicas que nos hacen sentir bien. Esto sería deplorable para el Dr. Tozer. Los himnos de la iglesia no van destinados a hacernos sentir bien, sino a elevarnos por encima de nuestros sentimientos y llegar a lo que se conoce como el *mysterium tremendum*, la presencia inefable de Dios, un lugar con el que pocos cristianos modernos están familiarizados.

Meditar en los himnos hará que nuestro corazón aprenda a apreciar a Dios. El Dr. Tozer advertía que no podemos pasar rápidamente por un himno y sacar provecho de él. Pasa tiempo con un himno y deja que penetre en tu alma.

El propósito de este libro no es descubrir qué pensaba de Dios el Dr. Tozer. Si ese fuera el caso, a él le habría inquietado mucho. No, el propósito de este libro es encender en tu corazón una pasión por Dios que te lleve a seguirle con todas tus fuerzas, que incluso conmocione a los que están satisfechos con la pasión que sienten por Dios ahora.

Si alguien lee este libro y le impacta profundamente, de modo que quiera buscar a Dios con una pasión que no puede ser satisfecha fuera de Él, esta obra habrá cumplido su propósito.

James L. Snyder

La realidad de nuestra percepción de Dios

¡Oh Dios, mi corazón clama por ti como lo hizo el de David hace tanto tiempo! Anhelo conocerte en toda la belleza de tu revelación, y en toda tu perfección. Es posible que el camino que lleva a tu corazón sea difícil y traicionero, pero puedo soportar las dificultades siempre que descubra en ellas la plenitud de tu carácter y de tu naturaleza. Amén.

Siempre que descubras a un hombre de Dios descubrirás también una pasión insuperable por Dios que casi escapa a todo control. No hablamos de curiosidad por Dios, sino de una profunda pasión para experimentar a Dios en toda su plenitud. Conocer a Dios es la pasión que impulsa a un hombre hacia el mismísimo corazón de Dios.

Nuestra Biblia está llena de pasajes que subrayan esta pasión. Permíteme que mencione dos de mis favoritos.

David escribe apasionadamente:

Como el ciervo brama por las corrientes de las aguas, así clama por ti, oh Dios, el alma mía. Mi alma tiene sed de Dios, del Dios vivo; ¿Cuándo vendré, y me presentaré delante de Dios? (Sal. 42:1-2).

Por lo que a mí respecta, estos versículos resumen el sentir de David, de quien Dios dijo que era "un varón conforme a mi corazón". David tuvo muchas cosas en su vida, y no fue un hombre perfecto; aun así, puedo decir con total confianza que su hambre de Dios era lo que le hacía elevarse por encima de todos los demás, haciendo de él un hombre conforme al corazón de Dios.

David deseaba a Dios a cualquier precio y, al leer su historia, descubrimos cuál fue ese precio.

En el Nuevo Testamento encontramos a un hombre llamado Pablo que escribió:

> a fin de conocerle, y el poder de su resurrección, y la participación de sus padecimientos, llegando a ser semejante a él en su muerte, si en alguna manera llegase a la resurrección de entre los muertos (Fil. 3:10-11).

Conocer a Dios era la pasión dominante del apóstol Pablo, y en su vida no había nada más importante, ni la vida ni la muerte. Si podemos entender la pasión de un hombre, podremos empezar a comprender por qué hace o se priva de hacer determinadas cosas.

Esta pasión por Dios no era fruto de la casualidad. Conocer de verdad a Dios como Él desea y merece ser conocido no es algo casual, sino una búsqueda de toda una vida, que acabará solamente cuando le veamos cara a cara.

He utilizado el término *pasión*, y quiero explicarme. La pasión se puede definir de dos maneras. Primero, tenemos la pasión del corazón, y luego tenemos la de la mente. A menudo estas dos pasiones se confunden o se usan como sinónimos. La diferencia es que la pasión de la mente se ve alterada por las influencias externas, mientras que la del corazón habita en las verdades profundas de Dios. Juan, el amado, escribió: "porque mayor es el que está en vosotros, que el que está en el mundo" (1 Jn. 4:4). La pasión del corazón tiene el mayor poder en la vida de una persona: el poder de transformar en verdadera piedad aquello que es aceptable para Dios y satisface sus requisitos.

Lamentablemente, la mayoría de personas malgasta su pasión en cosas temporales, como el deporte, el ocio, las vacaciones, mientras que el hombre o la mujer de Dios se centran en aquello que realmente puede satisfacer el corazón. Los caminos de la pasión minan nuestra integridad. Nuestra pasión por Dios debería elevarnos por encima de los elementos de este mundo llegando a las esferas celestiales, donde la alabanza de Dios es suprema.

Tengo que señalar que existen tres niveles básicos de conocimiento de Dios.

Primero tenemos el nivel *intelectual*. Este se basa por entero en la evidencia que tenemos a mano. Más adelante analizaremos la idea de que podemos encontrar a Dios en la naturaleza. Sin embargo, nuestro punto de partida es el nivel intelectual. Dios nos ha dado una mente, y espera que la usemos, sobre todo con el propósito de conocerle. Los científicos han explorado nuestro mundo con gran detalle, y lo único que tienes que hacer es examinar las evidencias.

El nivel intelectual solo llega hasta cierto punto. El siguiente nivel es el *teológico*, que es la organización de la verdad en lo que llamamos "doctrina". La teología es magnífica, y creo en ella, y no es otra cosa que el estudio de Dios. ¿Qué podría ser más emocionante que eso?

Toda teología debe fundamentarse en la Palabra de Dios. La teología no es un fin en sí misma, sino que señala a Aquel que es mayor que ella. Cuando la teología se vuelve un fin en sí misma, deja de ser una vía que lleve al conocimiento de Dios.

Lo que necesita la gente hoy día es la verdad, la verdad organizada de tal manera que nos permita comprender quién es Dios. El problema principal de la teología es que la hemos organizado conforme a la idiosincrasia humana. La teología debería ser el estudio de Dios, no nuestra interpretación humana de Dios. Ahí es donde encontramos problemas. ¿Dios es calvinista o arminiano? Según determinada teología, tú debes ser una cosa u otra.

Tenemos el nivel intelectual y el nivel teológico, pero no son suficientes. Pasemos a lo que yo llamo el nivel *místico*.

Cuando uso el término *místico* siempre surgen problemas. Sé que se ha abusado de esta palabra y que se ha usado mal, pero no temo a las controversias. Creo que la palabra *místico* expresa muy bien lo que intento decir.

Con el correr de los años ha habido grandes escritores místicos evangélicos. Estos escritores estaban tan sintonizados con Dios que todos ellos, sin excepción, padecieron persecución a manos de las autoridades eclesiales. Su concepto de Dios era tan puro, elevado y santo que el ciudadano de a pie no lograba asimilarlo.

Cuando hablo del nivel místico del conocimiento de Dios hablo de aquello que traspasa el "velo del desconocimiento", esa área que el conocimiento y la comprensión humanos no pueden discernir, que trasciende el intelecto e incluso la teología y llega al área que consiste en experimentar la presencia de Dios. El Hermano Lorenzo expresó sus pensamientos sobre esto en su libro *La práctica de la presencia de Dios*. En esto consiste el nivel místico.

Sí, primero debemos tener un nivel intelectual. Y sí, el nivel teológico es necesario para mantenernos dentro de los límites de la Palabra revelada de Dios. Pero todo esto nos lleva a mayor profundidad y mayor altura, si me lo permites, llegando al mismo corazón de Dios. Si quiero conocer a Dios, debo penetrar en la presencia manifiesta de Dios, donde su carácter y su naturaleza se me han revelado en una sucesión ininterrumpida de maravilla y asombro.

Lo que pasa es que no basta con saber *acerca de* Dios. Debemos conocer a Dios con un grado de intimidad cada vez mayor, que nos levante por encima de toda razón llegando hasta la adoración y la alabanza.

David fue un hombre que entendió esto. Era un hombre conforme al corazón de Dios. A pesar de ello, era un hombre que tenía sus pasiones, como cualquiera de nosotros. Tenía sentimientos, problemas y dificultades. Pero, a pesar de todas sus debilidades humanas, David sentía una pasión por Dios que le elevaba por encima de todos sus errores y debilidades, llevándole hasta el propio corazón de Dios. ¡Oh, si fuéramos como David, hombres conforme al corazón de Dios!

Cuando leo los salmos de David siempre me asaltan el hambre y el deseo de Dios. Lo que verdaderamente define a un hombre no es su viaje, sino su destino, y el destino de David era Dios. David no buscaba una vida mejor; buscaba a Dios. No buscaba el reconocimiento ajeno, el aplauso o las posesiones materiales. Buscaba a Dios. Algunas de esas cosas le estorbaron en su camino, pero al final triunfó la pasión que sentía David por Dios.

En el Nuevo Testamento tenemos al apóstol Pablo, un hombre de la razón, una persona instruida de su época, y uno de los principales fariseos de Israel. En lo tocante a sus aspiraciones religiosas, tenía un gran futuro. Estaba muy entregado a su carrera y, usando su inteligencia, se había situado en el camino del éxito.

Al contemplar la vida de Pablo, vemos que ninguno de sus razonamientos sació de verdad su corazón. El vacío que sentía dentro le impulsaba a seguir, pero solo para descubrir que seguía vacío. Fue en el camino a Damasco donde Pablo alcanzó el final de la razón y encontró a Dios, y a partir de ese momento la pasión de su corazón puede resumirse en la frase "a fin de conocerle". Da lo mismo todo lo demás que sepamos de Pablo; si sabemos esto, empezamos a comprender la verdadera pasión de su corazón y por qué hizo algunas de las cosas que hizo.

La afirmación de Pablo en Filipenses 3:10-11 resume la esencia de su pasión por Dios:

> a fin de conocerle, y el poder de su resurrección, y la participación de sus padecimientos, llegando a ser semejante a él en su muerte, si en alguna manera llegase a la resurrección de entre los muertos.

Conocer a Dios era la pasión de Pablo, y de hecho no le importaba nada aparte de eso. Hubo tres cosas que ayudaron a Pablo a centrarse en Dios (según vemos en el pasaje que hemos citado).

La primera era "el poder de su resurrección".

Hacerse cristiano no supone el mero hecho de asentir a ciertas verdades y luego decir "Acepto a Jesús". Conlleva introducir en tu vida el poder divino, el mismo poder que levantó a Jesús de entre los muertos. Esta es la imponente obra que hace el Espíritu Santo para llevarte al mundo divino de la redención.

La segunda fue "la participación de sus padecimientos".

Esto supone la identificación de Pablo con el Cristo que murió en la cruz y resucitó al tercer día. Lo que quería decir Pablo con esto es que su cristianismo era el resultado de su relación con Dios. Y Pablo estaba dispuesto a seguirle a toda costa. Esta pasión de Pablo le ocasionó todo tipo de problemas. Creo que puedo decir, sin temor a equivocarme, que la actitud de Pablo era que los enemigos de Cristo serían sus propios enemigos, y que tendría por amigos a los amigos de Cristo.

Pablo no esperaba que el mundo le tratase mejor de lo que sus habitantes trataron a Cristo. Crucificaron a Cristo y, al final, acabaron matando al apóstol Pablo. Todo esto fue el resultado de su amor por Dios, que no podía ser satisfecho con nada excepto con Dios mismo.

El tercer enfoque de Pablo fue "llegar a ser semejante a él en su muerte".

Esta era la clave del ministerio del apóstol Pablo y de la pasión que sentía por Dios. Cuando Jesús murió en la cruz, fue por nuestro pecado. Pablo habla de clavar el "yo" en la cruz para liberarnos del pecado. Él deseaba conformar su vida a la muerte de Jesucristo, de modo que el poder de resurrección de Cristo pudiera inducirle a la alabanza y a la adoración.

Estos dos hombres, David en el Antiguo Testamento y Pablo en el Nuevo, partieron de puntos de vista diferentes. No podían haber sido más distintos y, sin embargo, nadie podía haberse fundido con otro en una pasión tan santa por Dios como lo hicieron ellos. A una persona se la conoce por la pasión que la empuja día tras día, en los buenos y en los malos momentos.

Lo que necesitamos actualmente es pasión, pero más concretamente pasión por Dios, el deseo profundo de conocer a Dios como Él desea que lo conozcamos. Lo que veo que falta hoy día es este deseo de conocer a Dios de forma personal. Hay otras cosas que interfieren en esta relación hasta que apenas resulta reconocible en la iglesia moderna.

Dentro de la iglesia evangélica, parece que sentimos una gran pasión por todo *menos* por Dios. Buscamos alrededor de nosotros actividades que consumen los recursos de nuestras vidas. En lugar de mirar al mundo que nos rodea, es necesario que miremos a la fuente de nuestra redención. Estamos tan absortos en los juguetes y en los métodos modernos que hemos perdido nuestra pasión por Dios.

Necesito una pasión por Dios que penetre en ese caparazón exterior que se conoce como mundo, diseñado por el enemigo para mantenerme lejos de Dios. Si examinamos la situación actual, parece que nuestro enemigo ha hecho un buen trabajo levantando un muro prácticamente impenetrable entre Dios y nosotros. Si no contásemos con más que nuestros recursos humanos, ese muro sería inexpugnable.

Lo importante que debemos tener en cuenta es que todo lo que me aparte de Dios es mi enemigo, y solo el poder de Dios lo puede vencer. El problema actual es que no reconocemos al enemigo y, en algunos casos, incluso lo consideramos un amigo.

Isaac Watts nos plantea esta pregunta: "¿Es este mundo vil un amigo de la gracia, que me ayude a ir a Dios?". Es una pregunta retórica, y la respuesta es un *no* clarísimo. En este mundo no hay nada que pueda alimentar, en ningún sentido, nuestra pasión por Dios. Debemos dejar el mundo a nuestra espalda y seguir avanzando para conocer a Dios en su territorio. Cuanto más me acerco a Dios más me distancio del mundo.

Venir a la presencia de Dios no es algo que se consiga mediante el esfuerzo humano, como dije antes, sino solo por medio del Espíritu Santo que vive en mí, permitiéndome llegar hasta lo profundo del corazón de Dios. Cuanto más profundice en su corazón, más se me opondrá el enemigo, pero más me atraerá Dios hacia Él. Puede que el enemigo sea fuerte, pero sus fuerzas son limitadas, mientras que la gracia de Dios no tiene fin. "Porque mayor es el que está en vosotros, que el que está en el mundo" (1 Jn. 4:4).

Sin duda, no estoy contra la razón. Creo que la razón es un instrumento genial para cualquier empresa en este mundo. Es esencial que sepamos razonar del punto A al B. Sin razón, el mundo entero tendría un grave problema. Los científicos pueden desvelar grandes misterios mediante el uso de la razón. Vivimos en un mundo muy racional, a pesar de que haya muchas personas irracionales, y la razón puede ser un gran aliado si se lo permitimos. El problema es cuando llevamos la razón al ámbito espiritual.

Por su propia naturaleza, la razón es limitada, y por consiguiente no puede ayudarnos en nuestra búsqueda del Dios ilimitado. La razón puede llevarnos hasta la puerta, pero solo la fe puede abrirla para que entremos en la presencia de Dios. La fe no es irracional; simplemente, opera más allá del alcance de la razón. La fe nos permite saltar de un punto cualquiera del mundo para llegar al corazón de Dios.

El corazón humano tiene sed de Dios. Él nos creó, y en nosotros hay algo que nos vincula a Él. Hasta que ambas partes se reúnan, cosa que sucede durante la salvación, en el corazón humano hay una inquietud que nunca podemos apaciguar.

Esta inquietud se percibe en el mundo que nos rodea. El corazón del mundo late en un esfuerzo constante por descubrir el propósito de la vida, pero siempre avanza en la dirección equivocada, distanciándose de Dios.

Dios nos creó y nos dio pasión por Él, y la caída del ser humano en el huerto de Edén fue lo que saboteó esa pasión e hizo que cayéramos al nivel en que nos encontramos hoy. Solo por medio de la redención, que consiguió Cristo al morir en la cruz y resucitar al tercer día, podemos regresar a ese punto de comunión con Dios, que es la pasión de todo ser humano.

La declaración de Pablo "a fin de conocerle" es el grito de guerra, por así decirlo, del alma redimida que busca a Dios con el poder del Espíritu Santo. Lo más natural después de la conversión es sentir el deseo insaciable de conocer a Dios, que debemos nutrir con las cosas profundas de Él.

Pedro declaró esto al escribir: "Antes bien, creced en la gracia y el conocimiento de nuestro Señor y Salvador Jesucristo" (2 P. 3:18). La pasión del cristiano es crecer, pero ese crecimiento debe ser en Cristo. Es maravilloso conocer todo lo que nos rodea, pero conocer a Cristo es la cumbre de todo conocimiento. Esta es la pasión del cristiano.

Cuando era más joven intentaba leer y estudiar todo lo que caía en mis manos. Visitaba con frecuencia la biblioteca local y me llevaba a casa montones de libros para leerlos cada semana. Leía biografías, obras de psicología, historia, poesía, filosofía y, sí, incluso teología. Podía hablar con los demás de casi cualquier tema que surgiera en aquel momento, lo cual fastidiaba a mis amigos.

A medida que crecí y fui madurando en las cosas de Dios empecé a perder interés en esos temas, y a sentir una pasión: simplemente conocer a Dios. Fue entonces cuando todo cambió. Todos los libros que había leído en el pasado se desvanecieron a la luz del conocimiento de Dios. Mi búsqueda de Dios me ha pasado un alto precio. Sin embargo, cuando miro atrás veo que es esa búsqueda del Señor la que me ha traído hasta donde estoy ahora. Deseo conocer a Dios en toda la belleza de su revelación.

Ahora aprecio muchísimo los grandes himnos de la iglesia. Soy consciente de que los escribieron hombres que deseaban conocer a Dios profundamente, y que en su búsqueda de Dios pusieron en forma poética lo que descubrieron. Leer esa poesía basada en los descubrimientos de Dios de aquellas personas me ha enriquecido.

No pasa un día sin que, a menudo de rodillas, entone uno de los grandes himnos de la iglesia. Es evidente que no puedo aspirar a formar parte del coro de la iglesia, pero sí de ese coro celestial que canta a Dios con tanta pasión, motivado por el gozo y el placer que supone conocerle.

¡Oh, quién tuviera lenguas mil!
Charles Wesley (1707-1788)

¡Oh, que tuviera lenguas mil!
Del redentor cantar,
la gloria de mi Dios y Rey,
¡los triunfos de su amor!

Bendito mi Señor y Dios,
te quiero proclamar;
decir al mundo en derredor,
tu nombre sin igual.

Dulce es tu Nombre para mí,
pues quita mi temor;
en él halla salud y paz,
el pobre pecador.

Rompe cadenas del pecar;
al preso librará;
su sangre limpia al ser más vil,
¡gloria a Dios, soy limpio ya!

2

El fundamento de nuestra percepción de Dios

¡Oh Dios, ayúdame a reunir mis pensamientos y centrarlos en ti! Tengo tendencia a ir de un lado para otro y especular, pero, ¡oh Señor!, guíame en el camino para que te conozca de tal modo que entienda quién soy y por qué estoy aquí. Guíame a tu perfección en el nombre de Jesús. Que sea digno de conocerte en toda la plenitud de tu revelación divina. Amén.

Un hombre sería necio si intentara hacer algo que escapa a su capacidad. Todo aquel que intente hacer lo que me he propuesto sería un insensato si pensara que podría lograrlo.

Incluso el hecho de hablar de Dios requiere una capacidad que excede a la humana. Sé que todo el mundo habla de Dios, pero dentro del contexto que he presentado en este capítulo, nadie puede hablar realmente de Dios de una manera que sea digna del Dios de quien habla. Nadie puede predicar dignamente sobre Dios, nadie puede escribir sobre Él, a menos que esa persona conozca a Dios más allá de su capacidad humana.

No enfoco este tema como si fuera un erudito o un teólogo. Creo en la teología. Creo que no existe nada más maravilloso que la teología, que no es más que el estudio de Dios. Toda teología empieza en Dios y concluye en Él, porque, de lo contrario, sería una teología falsa. Buena parte de lo que hoy se nos vende como teología no es más que un intento del hombre culto que pretende explicar a Dios usando su propia lógica y su razón. Te aseguro que en Dios hay mucha lógica y mucha razón, pero el asunto no acaba ahí. Si lo único que tuviésemos fuera la lógica y la razón, nunca penetraríamos en ese "velo de desconocimiento" que hace que la mayoría de personas no conozca de verdad a Dios.

Cometemos un grave error cuando abordamos este tema como si fuésemos expertos. Hoy día la Iglesia está llena de expertos, que no hacen más que añadir a la confusión de nuestra percepción de Dios. La única manera de enfocar este tema es en calidad de adorador. Todos los aspectos técnicos de la teología se quedan cortos para penetrar de verdad la presencia manifiesta de Dios.

No quiero dar un sermón sobre lo que pienso de Dios. Lo que hago es dar un testimonio, por así decirlo, de mi viaje hacia el corazón de Dios. No doy testimonio para la mente, sino para el corazón que siente una pasión intensa por conocer a Dios.

Aun a riesgo de repetirme, fue San Agustín quien entendió de verdad y escribió en sus confesiones: "Nos has hecho para ti, Señor, y nuestro corazón vive inquieto hasta que encuentra el reposo en ti". Este hombre de Dios comprendía lo que muchos no entienden hoy. Fuimos creados con un propósito, y hasta que este se cumpla, vivimos inquietos. No hay nada fuera de nosotros que nos proporcione el descanso y la paz para los que fuimos creados y que tanto anhelamos. Los placeres del mundo se quedan cortos. Ningún aspecto exterior del mundo puede atravesar la barrera sagrada del alma reservada solo para Dios. Hoy día nuestra alabanza es demasiado emocional, y no logra apaciguar nuestras almas para que experimentemos plenamente la presencia de Dios. Mi objetivo en este libro es guiar los corazones de los creyentes a Dios, en quien descubrirán su propósito y hallarán su reposo.

Hace muchos años, los hombres no estaban muy seguros

de sí mismos, pero esos tiempos quedaron atrás. Hoy tenemos mucha seguridad en nosotros mismos; estamos muy seguros sobre todas las cosas menos aquellas sobre las que deberíamos estar seguros. Nos hemos especializado en lo trivial, perdiendo nuestro verdadero sentido. En aquella época había más gente que tenía la mentalidad del poeta Thomas Blacklock, quien dijo "Ven, oh alma mía, en sagrados estratos" (niveles o capas).

Personalmente, creo que sería buena idea que, cuando nos reunimos los domingos por la mañana, hiciéramos lo posible por disponer nuestra alma "en sagrados estratos". Por supuesto, las congregaciones modernas no tienen ni idea de lo que esto significa. Esto es algo que debemos explorar en nuestros tiempos, siguiendo la oración de Blacklock:

> Ven, alma mía, en sagrados estratos,
> procura a tu gran Creador alabar:
> mas, ¿qué lengua podrá su gloria contar?
> ¿Qué verso abordar ese tema sin par?

Cuando empezamos a pensar en Dios, pensamos en algo que escapa a nuestra capacidad de comprenderlo plenamente, y que está más allá del límite de la inteligencia humana. Dicho en pocas palabras, si puedes concebirlo, no es Dios.

Quiero concentrarme en la perfección de Dios, que incluye todos estos atributos de su naturaleza divina. Una vez que empiezas a sondear la personalidad de Dios, ya no hay final. Sigue y sigue a medida que Él se complace en revelarse ante nuestros corazones que le adoran.

Cuanto más sabemos de Dios y cuanto más le conocemos íntimamente, más empezamos a comprendernos a nosotros mismos y a ese vínculo maravilloso y misterioso que tenemos con Él. Los atributos de Dios dictan la alabanza y la adoración que le son aceptables, y si no son aceptables para Él en algún sentido, no es una alabanza digna. Debemos evaluar nuestra alabanza a la luz de Aquel a quien alabamos. Nadie puede hacer esto y hacerlo dignamente, porque, ¿quién entre nosotros es capaz de ello? Aquel a quien alabamos determina nuestra alabanza.

En "Los idilios del rey: La muerte de Arturo", Lord Tennyson, lo expresó de este modo:

> La oración obra más cosas de las que sueña este mundo.
> Entonces, que tu voz brote cual fuente para mí de noche y de día.
> Pues, ¿en qué son más los hombres que las ovejas o las cabras,
> que nutren una vida ciega en sus mentes, si,
> conociendo a Dios, no elevan las manos en oración
> por ellos mismos y por aquellos a los que llaman sus amigos?
> Pues así toda la tierra esférica está ligada,
> por cadenas de oro, a los pies de Dios.

Francamente, estoy hablando de Aquel en quien debes creer antes de negarle: Aquel que es el Verbo, quien nos capacita para que hablemos de Él. Por nuestra cuenta solo podemos trazar una caricatura, y bastante deficiente, y sin duda indigna de nuestra adoración. Me niego a adorar nada que haya creado yo mismo.

Admito sin problemas que no estoy cualificado para exponer estas verdades sobre Dios. Cuanto más profundizo en este tema, más cuenta me doy de lo que realmente ignoro. A veces podemos ser tan arrogantes que pensamos que creemos, pero estamos ciegos ante algunos aspectos de la verdad. Sin duda quiero que mi corazón esté abierto a todo lo que Dios desee revelarme.

Lo que debemos entender realmente es que nuestro conocimiento de Dios no lo podemos adquirir simplemente mediante procesos académicos. Lo que realmente sabemos de Dios es lo que Él nos ha revelado por su fidelidad.

Cuando Jesús resucitó de los muertos y se apareció a los discípulos, ni así podían creer ellos. La creencia no se basa en la vista, porque, si así fuera, al ver a Jesús ellos habrían creído que había resucitado. Hizo falta una aplicación espiritual de la revelación que no puede producir la razón ni la lógica. Cuando se abrieron sus ojos, algo que solamente puede conseguir la obra del Espíritu Santo, pudieron creer.

Lo que el Espíritu Santo no nos revela no merece la pena saberlo.

Sostengo que todo lo que hacemos refleja hasta cierto punto nuestra percepción de Dios. No hace falta mucho tiempo para comprender a una persona una vez que entendemos su percepción de Dios. Creo que es esencial que nuestra percepción de Dios sea digna de Él y que refleje la verdad que se nos ha revelado acerca del Dios de la Palabra. Incluso aquellos que no creen en Dios convierten su ateísmo en un dios. ¿Qué es lo que crees y piensas de verdad cuando escuchas la palabra *Dios*? Tu percepción de Dios determina todo acerca de ti. Por este motivo, nuestra visión de Dios debe basarse en un fundamento sólido que no nos defraude en ninguna circunstancia.

Debemos comprender de verdad la historia de la degeneración progresiva del ser humano. Algunos creen que el hombre está evolucionando para bien. Sin embargo, la evidencia no respalda en absoluto esta idea. Si el hombre estuviera mejorando, ¿por qué sigue luchando con los pecados de sus antepasados? ¿Por qué no ha solucionado sus problemas, sino que parece que los está agravando?

La historia empieza en el huerto de Edén. Fue allí donde apareció el hombre. Adán fue creado a imagen de Dios y, cuando lo creó, Dios dijo: "Es bueno". En el hombre no había una sola imperfección detectable. Esto también se puede decir de Eva.

Algunos parecen decir que la causa de la degeneración del hombre radica en su entorno. Un muchacho que crece en un barrio marginal urbano no tiene posibilidades. La otra cara de la moneda sostiene que un muchacho que crece en un buen barrio y disfruta de todas las ventajas de la vida será una gran persona. La evidencia apunta en otro sentido.

Adán y Eva vivían en un entorno perfecto. En aquel jardín maravilloso no había un solo pecado, ninguna imperfección, nada que en ningún sentido hiciera que un hombre o una mujer le dieran la espalda a Dios. Y entonces actuó Satanás, el enemigo del ser humano.

Hasta ese momento, Adán y Eva habían tenido una percepción correcta de Dios. Él caminaba con ellos en medio del frescor del día. Tenían una comunión con Él que solo podemos imaginar y envidiar los que estamos al otro lado del huerto. Sabían quién era Dios. Entonces Satanás sembró la semilla de la duda, y la historia del hombre empezó su decadencia. Satanás proyectó una mala imagen de Dios que hizo que Adán y Eva cuestionasen quién era, y si realmente tenía en mente los beneficios de su raza. Todos sabemos cómo se desarrolló la historia después de esto.

Esta degeneración progresiva ha sido el tema de la historia humana desde aquellos tiempos. La percepción humana de Dios empezó a abandonar su mente, y adoptó el programa de Satanás: "Seré como el Altísimo". Desde ese momento, el hombre ha intentado colocarse por encima de Dios, logrando solamente caer en una espiral descendente que acaba en el pozo del infierno.

La consecuencia de todo esto es que el hombre perdió su confianza en Dios. Como resultado, la gente no tiene fe en Dios. Podemos contemplar a los grandes hombres de fe. Uno de los que me gustan es George Müller. La pregunta que formula la gente es: "¿Por qué no puedo tener la fe de George Müller?".

La única manera de que tengas la fe de George Müller es

teniendo su confianza en Dios. Esto no es algo que se adquiera con libros de texto, conferencias ni ninguna de las otras facetas de la religión que están tan de moda. Esta confianza en Dios solo puede nacer cuando empezamos a conocer a Dios como Él es realmente. Afirmo que solo un verdadero adorador puede conocer a Dios.

La religión puede enseñarte sobre Dios. La teología fría, textual, puede enseñarte sobre Dios. Pero ninguna de las dos puede llevarte realmente a la presencia de Dios, donde empieces a conocerle y a tener confianza en el Dios al que conoces. Afirmo que nuestra fe en Dios nace natural y automáticamente cuando empezamos a conocerle personalmente; no solamente saber *acerca de* Dios, sino tener un encuentro personal con el Dios vivo, un encuentro que no esté limitado por la razón ni por la lógica. Un verdadero encuentro con Dios nos eleva por encima de todo lo que podamos saber, y comenzamos a penetrar ese "velo del desconocimiento" y a entrar en la presencia divina.

La fe no es algo que luchamos por edificar. Más bien, la fe consiste en conocer a Dios, creer en Él y lo que dice sobre sí mismo, lo cual da como resultado la confianza en Dios y en su carácter. "La fe viene por el oír, y el oír, por la palabra de Dios" (Ro. 10:17).

Si tenemos que esforzarnos por aumentar la fe, será una fe falsa, no algo que potenciará nuestro caminar con Dios. Nuestra confianza en Él caerá en picado, y empezaremos a buscar un sustituto. Tengo mucho miedo de que la iglesia cristiana moderna haya encontrado un sustituto en el entretenimiento y las actividades sociales.

Pero mi misión consiste en proporcionar información sobre el carácter de Dios o, tal como lo digo yo, la perfección de Dios. Quiero decirte cómo es Dios y, cuando te diga como es Él, si lo lees con una mente abierta, descubrirás que la fe surge de forma natural. Para que crezca la fe es necesario el conocimiento restaurado de Dios. No creo que haya habido un solo momento en la historia de la Iglesia en que hayamos necesitado esto más de lo que lo precisamos hoy.

En cierta ocasión unas personas me felicitaron diciéndome que pensaban que era un gran predicador y que sacaban mucho provecho de mis sermones. Cuando era más joven hubiera estado de acuerdo, pero he escuchado grabaciones de algunos de mis sermones y, sinceramente, no suenan muy bien. No afirmo ser un buen predicador. Sin embargo, predico sobre cosas buenas, y esto es lo que marca la diferencia abismal entre un buen predicador y la predicación de cosas buenas. Cuando predico sobre Dios predico sobre algo bueno; ahora escribo sobre lo que es bueno y está por encima de todo lo que pudiéramos imaginar.

Esta es la esencia, el centro y la fuente de toda teología, toda doctrina y toda verdad, toda vida, toda materia y toda mente, todo espíritu y toda alma. Esta es la gran necesidad del momento porque la situación, tal como la percibo en las iglesias de nuestra época, es muy grave. No se trata de lo bien que lo digamos, sino de lo bien que lo creamos.

Conocer a Dios significa comprender nuestro motivo para existir, nuestro propósito en la vida. La vida es tan corta que muchas personas la desperdician intentando encontrarse a sí mismas... fuera de Dios. Este conocimiento trasciende la razón y solo nos llega por medio de la revelación y de la iluminación divinas. Ten en cuenta que los conceptos sobre Dios que no estén apoyados en la verdad revelada dan paso a la especulación humana y a determinadas mentiras sobre Él, descalificando toda adoración que intentemos tributar a Dios.

Pido a Dios que este libro despierte en ti la pasión santa de conocerle. Cuanto antes deje de ser necesario este libro, antes empezarás a descubrir tu relación con Dios, y cuando esto suceda tu alma comenzará a entonar un himno de alabanza y adoración.

Ven, alma mía, en sagrados estratos
Thomas Blacklock (1721-1791)

Ven, alma mía, en sagrados estratos
procura a tu gran Creador alabar:
mas, ¿qué lengua podrá su gloria contar?
¿Qué verso abordar ese tema sin par?
¿Qué verso abordar ese tema sin par?

En tu trono de radiantes esferas rodeado,
tu gloria llevas cual vestidura;
formando un vestido de luz divina,
diez mil soles brillan alrededor.
diez mil soles brillan alrededor.

Toda obra grande de nuestro Creador
se viste de poder sin fin, de sabiduría;
sus obras, por su hermosa apariencia,
declaran la gloria de su nombre,
declaran la gloria de su nombre.

Volando con las alas de la devoción,
canta, alma mía, sus loores;
que tu lengua se preste a su alabanza
hasta que los mundos se unan a tu canto,
hasta que los mundos se unan a tu canto.

Nuestra percepción de Dios y la iglesia

¡Oh Dios!, mi corazón está vacío porque no encuentro nada que lo llene de verdad. Necesito que me llenes de toda la plenitud de tu perfección. Guíame, ¡oh Dios!, por el camino de la justicia, de modo que te descubra y conozca la verdad de tu carácter y de tu naturaleza. Amén.

Todo aquel que ha sido alguna vez un observador informal de la iglesia cristiana evangélica durante la pasada generación o las dos anteriores, estará de acuerdo cuando diga que se ha producido un crecimiento considerable que ha sido fruto de la percepción que en general tenemos de que Dios está en medio de nosotros. A menudo se me acusa de ser negativo, y es una de mis luchas, pero también me gusta presentar la imagen real. Dentro de la iglesia cristiana se ha dado un paso adelante maravilloso por el que doy gracias a Dios.

Quiero ser justo al reconocer el éxito de la Iglesia para hacer lo que Dios le ha llamado a hacer. Quiero celebrar las victorias que ha obtenido la Iglesia durante las dos últimas generaciones. No hay nada que me complazca más que ver cómo la bendición de Dios descansa sobre su Iglesia.

Todo se reduce a lo que crea una persona acerca de Dios. Su percepción de Él se convierte en el fundamento sobre el que levanta toda su vida, y de aquí fluye el espíritu de adoración, y de esta adoración surgen el servicio y el ministerio.

ngo que afirmar algo bastante importante, a saber: si el testimonio de la Iglesia pretende ser válido, tiene que estar relacionado con su época. Si queremos que un sermón que hay que predicar o un libro que hay que publicar tengan algún sentido, deben tener relación con la época en la que aparecen. De la nada nunca ha surgido algo que tuviera valor. Por consiguiente, lo que tengo que decir lo afirmaré dentro del contexto que ofrece la situación religiosa actual. Si queremos saber algo sobre una situación espiritual, debemos echar una mirada muy cercana y honesta a las circunstancias que nos rodean.

Por ahora quiero examinar la situación de los evangélicos. No me interesa nada más que la situación de la iglesia evangélica, es decir, que no tengo nada que decir sobre las iglesias liberales o modernistas. Si pretendemos saber dónde estamos y adónde vamos, tenemos que saber cómo hemos llegado hasta aquí y en qué tipo de circunstancias religiosas nos movemos. Tendremos que evaluarnos a nosotros mismos a la luz de nuestros éxitos y de nuestros fracasos.

Permíteme que comente algunas de las cosas positivas que detecto en la iglesia evangélica de nuestros tiempos:

El espíritu religioso

Lo primero que mencionaré será el hecho de que, durante la última generación, se ha producido un resurgimiento sorprendente del espíritu religioso. En nuestra época, la religión se ha vuelto bastante popular y siempre resulta más fácil evangelizar cuando uno transita por un territorio amigo. Parece que todo el mundo sabe algo del cristianismo, de Dios, de Cristo y del evangelio. Esto nos ofrece una plataforma sobre la que hacer nuestro trabajo.

Esto ha engañado a muchos. Creen que porque en el mundo haya más religión se ha convertido en un lugar mejor. Olvidamos que simplemente se ha producido el resurgimiento poderoso del espíritu religioso que ha afectado a todas las religiones en el ancho mundo: sintoísmo, budismo, islamismo y todos los demás "-ismos" y sectas marginales, prácticamente todas las religiones del mundo. Durante este súbito aumento del espíritu religioso, el cristianismo evangélico también ha experimentado un retorno del sentimiento religioso, y esto lo ha beneficiado bastante.

Recuerdo que en aquella época cuando yo tenía el cabello negro (y tenía cabello), uno tenía que ser escéptico, agnóstico o claramente incrédulo para que lo respetasen intelectualmente. Ahora hemos sido testigos de un gran cambio, porque uno puede creer en Dios sin tener que sonrojarse y sin perder su respetabilidad.

Las iglesias

Algo de lo que tenemos que alegrarnos es del crecimiento de la iglesia evangélica durante nuestra generación. Aparecen nuevas iglesias que crecen y que conservan una presencia considerable dentro de nuestra cultura. Esto solo puede ser positivo.

No estoy seguro de que nuestros institutos y seminarios bíblicos consigan estar a la altura de las necesidades que tienen pastores, ministros y obreros en esas congregaciones. Todo esto representa un logro maravilloso, y yo sería el último en criticar el resurgimiento del movimiento evangélico en nuestro país y en nuestra época. Celebro el progreso cuando es realmente progreso, y ruego que siga produciéndose hasta que Jesús vuelva.

La enseñanza cristiana

Nunca antes en la historia de la Iglesia hemos tenido más instituciones donde educar y formar a los obreros cristianos que las que tenemos hoy. Es importante que contemos con esos centros.

Da la sensación de que no pasa un día sin que alguien no funde una nueva universidad cristiana, un seminario o un instituto. Gracias a esto disponemos de los medios con los que preparar a la gente para su ministerio, y para llenar esas iglesias que están creciendo. No creo que la Iglesia haya contado en ningún otro momento con un equipo de ministros y obreros mejor preparados para guiarla como el que tenemos hoy día. Quiero que quede constancia de que creo plenamente en la formación cristiana. Creo que una persona debe recibir toda la educación que pueda. Nunca me opongo a esto.

Publicaciones cristianas

Hoy se están publicando más libros que nunca desde el momento en que Johannes Gutenberg inventó la imprenta en 1440. Estoy muy agradecido por la invención de la imprenta y por su evolución con el paso de los años, lo cual ha hecho posible la publicación de literatura evangélica. Contamos con la bendición de un flujo creciente de publicaciones periódicas y tratados, junto con un aumento y una mejora sin precedentes de los métodos de comunicación.

Haz una pausa y piensa durante un rato en las imprentas que, ajetreadas e incesantes, producen hoy día toneladas de literatura religiosa. Tenemos todo lo que puedas imaginar; sea lo que sea lo que quieras, alguien lo está publicando o lo publicará. Sin duda la iglesia evangélica está proclamando su mensaje.

Las comunicaciones

El campo de las comunicaciones es fascinante. Durante mi vida, el progreso de las comunicaciones se ha acelerado de forma increíble. Parece que no existen límites para el progreso de las tecnologías de la comunicación.

Cuando las iglesias aprovechan la tecnología moderna y las comunicaciones, pueden extender el evangelio por todo el mundo. Al pensar en esto, me pregunto si hay algún lugar en este mundo al que no pueda llegar el mensaje del evangelio. ¿Existe alguna limitación para nuestra proclamación del evangelio en esta generación? Y junto con las comunicaciones llega el transporte. Podemos llegar a muchos lugares más rápido que nunca antes. En el pasado, los misioneros tardaban semanas en llegar desde determinado lugar a la aldea en la que querían predicar el evangelio. Hoy, gracias al progreso de las comunicaciones y del transporte, pueden llegar a ese lugar en cuestión de horas.

Las misiones cristianas

También hoy existen más misiones, más actividades misioneras y más evangelismo que en ningún otro momento pasado. Nadie sería capaz de contar la cantidad de organizaciones existentes en este campo, y crecen a cada año que pasa. Hoy tenemos tantas misiones que no sabemos qué hacer con ellas, y el evangelismo vive buenos tiempos. La financiación para estas misiones aumenta cada año. Los evangélicos contribuyen económicamente a la obra del ministerio y de las misiones.

Disponemos de organizaciones evangelísticas para llegar a todo el mundo: organizaciones para la evangelización de los niños, de los jóvenes, de las amas de casa, de los nativos americanos, de los ferroviarios, los artistas y prácticamente todo el resto. Dime una profesión y seguramente podré encontrar una organización que se ocupe de evangelizar a ese grupo determinado de personas. Hoy nadie tiene excusa para no escuchar el evangelio.

Te reto a que encuentres un grupo en cualquier parte del mundo, o un idioma de los que se hablan en este planeta, al que nadie esté llevando el evangelio. Hemos adaptado con detalle el evangelio para que alcance a toda tribu, lengua y nación. Por supuesto, este es el mandato de la Gran Comisión.

Tenemos éxito al evangelizar a las personas, motivo por el cual somos un número mayor que antes, y por eso tenemos más comités y más escuelas. Esto tiene consecuencias positivas.

Debo decir que estoy a favor de usar los medios y los métodos más modernos siempre que no perjudiquen el mensaje en ningún sentido. Todo lo que haga que el mensaje sea secundario debe desaparecer. Estamos obligados ante Dios a extender el mensaje por todo el mundo usando todos los medios que tengamos a nuestra disposición. Nuestra obligación sagrada es asegurarnos de que el mensaje se transmite inalterado, sin merma alguna y sin "mejoras".

Como dije, todo esto nos favorece, y quiero reconocerlo hasta el punto que sea correcto. Oro cada día por quienes participan en la obra de alcanzar para Cristo a quienes no son salvos. Esta es una prioridad en nuestro ministerio evangélico.

Cuando hablamos de beneficios, hemos de dedicar un tiempo a la evaluación. Un empresario descubre cómo va su negocio cuando, al final del año, hace un balance de sus pérdidas y de sus beneficios. Si tiene más beneficios que pérdidas, ha tenido un año exitoso, y está en disposición de ampliar su negocio al año siguiente. Sin embargo, si ha tenido demasiadas pérdidas, seguramente al año siguiente ya no tendrá trabajo. Hay que mantener bajo control y evaluar los beneficios y las pérdidas. Así son las normas empresariales.

Sin embargo, la Iglesia no es una empresa. Permíteme que sea muy claro en este sentido. Pero, de la misma manera que hay que evaluarlo todo, y destacar lo bueno y lo malo, en la Iglesia también debemos realizar evaluaciones periódicas. Si avanzamos en la dirección correcta, tendremos que seguir yendo en ese sentido y dar gracias a Dios por guiarnos. Si surgen algunos problemas y dificultades, hay que introducir correcciones para regresar al punto en el que deberíamos estar.

Como editor, sé que antes de que se pueda publicar un manuscrito hay que revisarlo varias veces. Un buen editor tiene que eliminar todas las palabras y frases innecesarias de modo que la obra adquiera solidez. Creo que en la Iglesia hay que hacer lo mismo. Hemos de fijarnos en lo que hacemos y evaluar aquellas cosas que son innecesarias y que lastran a la Iglesia. Creo que la iglesia evangélica moderna necesita una revisión a fondo.

Recurriendo a algún criterio, tenemos que evaluar dónde estamos y qué estamos haciendo. ¿Cuál es ese criterio? ¿Cómo sabemos si lo que hacemos es correcto o no?

A Moisés se le ordenó que se asegurase de que el tabernáculo que tenía que hacer fuera "conforme al modelo que se te ha mostrado en el monte" (He. 8:5). Moisés no tenía autoridad para mejorar el diseño de Dios. El patrón que Dios dio a Moisés no era una sugerencia, y Moisés no podía tomarse una licencia artística, como decimos nosotros. Para que Dios aprobase el tabernáculo había que construirlo conforme al diseño que se le mostró a Moisés.

El patrón fue una revelación a Moisés, y Moisés fue fiel a ella.

A este punto es adonde debemos regresar como Iglesia. Hemos de comprender cuál es el patrón, y que Dios nos ha dado un patrón. Todo lo que hagamos debe estar en conformidad absoluta con esa pauta. Mejorar ese modelo, alterarlo en algún sentido, acarrea la desaprobación de Dios.

Estoy seguro de que Moisés podría haber reunido a un equipo de artistas con talento para examinar los planos y luego crear algo mucho más elaborado que lo que Dios tenía en mente. Me pregunto si esto no estará pasando hoy. Me pregunto si no estamos yendo más allá del patrón que Dios nos ha dado por medio de la iglesia del Nuevo Testamento.

Cuando evaluemos los grandes progresos y victorias de la iglesia cristiana, debemos compararlos con la pauta del Nuevo Testamento. Esto supone realizar una evaluación concienzuda, y consultar otra vez los antiguos planos.

De la iglesia el fundamento
Samuel J. Stone (1839-1900)

De la iglesia el fundamento
es Jesús el Salvador;
por el agua y la Palabra
le dio vida su Señor;
para hacerla su esposa quiso
de los cielos descender,
y su sangre por limpiarla
en la horrible cruz verter.

De entre todas las naciones
escogida en variedad,
a través de las edades
se presenta en unidad;
y los títulos que ostenta
son: tener solo un Señor,
una fe y un nacimiento,
un constante y puro amor.

Ella alaba solo un nombre,
participa de un manjar,
la consuela una esperanza
y en la cruz tiene su altar;
por el celo que la anima,
de las almas corre en pos,
y ambiciona por la gracia
conducirlas hasta Dios.

Aunque el mundo la contemple
ya con odio o desdén;
del error o de los cismas
desgarrada en el vaivén,
en vigilia están los santos
y no cesarán de orar;
lo que hoy es tristeza pronto
se convertirá en cantar.

A través de sufrimientos
y fatigas y dolor,
el glorioso día espera
en que vuelva su Señor;
consumada su carrera
y perfecta su salud,
entrará triunfante y libre
en la eterna beatitud.

(Trad. J. B. Cabrera)

Una percepción deficiente de Dios

Padre celestial, líbrame de mí mismo y hazme consciente del abismo que hay entre tú y yo. Guíame por el sendero del bien para corregir lo que está mal y condúceme al camino de la renovación. Necesito que el bendito Espíritu Santo se mueva con fuerza en mi corazón. Restaura la fragancia de tu presencia. Amén.

A pesar de los increíbles progresos que hemos visto en la Iglesia, hay una pérdida enorme e impresionante que me inquieta.

Los beneficios son maravillosos, pero no compensan esa única pérdida devastadora, que es la pérdida de una percepción correcta de Dios.

Si queremos compensar las pérdidas que se han producido en la iglesia evangélica durante la última generación, debe suceder algo drástico. Vacilo en usar la palabra *avivamiento*, porque se usa sin la prudencia suficiente. Quizá la palabra *renovación* sea más precisa en este caso. La Iglesia de Jesucristo de hoy necesita una renovación drástica para sintonizarla con su propósito original tal como se nos expone en las Escrituras.

Hoy todo parece ser un avivamiento. Vi un cartel que decía "Avivamiento esta tarde a las 7". Lo que quiero saber es: ¿cómo saben que tendrá lugar un avivamiento a esa hora concreta?

A lo mejor es porque hemos alterado el significado de la palabra *avivamiento*, y tenemos que revisar nuestro vocabulario. El avivamiento no consiste solamente en reunirnos todos para llevar a cabo algún tipo de celebración religiosa. Si estudias la historia de los avivamientos, sentirás una profunda reverencia por este concepto.

A lo largo de la historia, el avivamiento era ciertamente un movimiento de Dios entre su pueblo para hacerlos volver a un punto anterior. Me parece extraño que la iglesia evangélica promedio quiera avanzar, pero hacia la dirección equivocada. Cuando tiene lugar un avivamiento, Dios nos hace retroceder hasta el punto en que le abandonamos, donde dejamos nuestro primer amor. Este es el elemento esencial.

El avivamiento va destinado a insuflar nueva vida, pero no cualquier tipo de vida; es el aliento de Dios sobre una asamblea de creyentes. El avivamiento solo puede tener lugar dentro del pueblo de Dios, y solo puede llevarlo a cabo el Espíritu Santo. A una de las iglesias del Apocalipsis se la consideró tibia. Sus miembros no eran ni fríos ni calientes. Empezaron bien, tenían buenas intenciones, recorrían un camino correcto, pero en algún punto de su ruta se desvaneció su amor por Dios.

Cuando el gran avivamiento galés llegó a ese pequeño país en 1904, bajo el liderazgo de Evan Roberts, Dios tenía algo con lo que trabajar. Hoy día eso es un problema. El Espíritu Santo no tiene gran cosa con la que trabajar cuando llega el momento de que Dios obre en medio de nosotros. En aquella época, el Espíritu Santo tenía materiales con qué trabajar. En ocasiones, los domingos por la mañana el pastor no predicaba ningún sermón, porque Dios obraba de tal manera que ni siquiera le daba ocasión. El Espíritu Santo se movía de una forma tan maravillosa y poderosa que nadie podía interrumpirlo. Lo único que podían hacer era quedarse sentados sumidos en el silencio imponente de la presencia de Dios.

Cantaban himnos de *The Psalter* (El salterio), el Espíritu Santo se movía en la congregación y nadie podía predicar. Como consecuencia de esta disciplina espiritual, la percepción de Dios que tenía la gente era elevada y pura, capacitando a aquellos que realmente creían en Él. Yo sostengo que hemos perdido esa percepción elevada de Dios, y la iglesia moderna, la iglesia evangélica, está delgada, anémica, es frívola, mundana y barata. No sé cómo describirlo mejor.

En aquellos cultos de avivamiento de épocas anteriores, las personas perdían toda noción del tiempo y solo eran conscientes de la presencia de Dios que obraba en sus vidas. Ahora la única cosa de la que son conscientes las personas que vienen a nuestras iglesias es de un espíritu de entretenimiento, diversión y frivolidad, y de la pregunta "¿Cuándo acabará esto de modo que pueda regresar al mundo real?".

Una de las cosas que más me preocupan es el ámbito de la predicación. Ya no tenemos aquellas predicaciones que conmocionaban a las congregaciones del pasado. No soy una persona que se pase la vida mirando atrás sin cesar, pero creo que podemos echar la vista al pasado y ver lo mucho que nos hemos alejado. No creo que podamos volver atrás. Sin embargo, sí que debemos entender que la predicación de los tiempos de los primeros apóstoles, pasando luego por la de hombres como John Wesley y Charles Finney, era bastante diferente a la que tenemos hoy.

Soy consciente de que los tiempos han cambiado y de que la gran tentación consiste en intentar estar a la altura de esos cambios, suponga lo que suponga hacerlo. La predicación que más ha estimulado a la Iglesia ha sido la basada en la Palabra de Dios, fueran cuales fuesen los sentimientos o las tendencias culturales. Esa predicación no quería entretener, sino conmover los corazones en adoración a Dios. El centro de la predicación era Dios.

Lee el famoso sermón de Jonathan Edwards titulado "Pecadores en manos de un Dios airado". El sermón conmocionó tanto a Nueva Inglaterra que dio a luz a lo que más tarde se conoció como el Gran Despertar. Además, ese sermón y otros como él insuflaron en las congregaciones una sensación de temor santo y de respeto por Dios. Ya no tememos a Dios. Ya no nos provoca miedo. Es nuestro amigo, y lo único que pretende es ayudarnos a ser las mejores personas que podamos ser.

La predicación actual se centra en el entretenimiento. Si logramos entretener a las personas, no se irán de la iglesia. Si no conservamos a las personas, la iglesia no crece. Por consiguiente, los predicadores recurrirán a todo aquello que atraiga a las personas y las haga volver. Y, bajo mi punto de vista, esa palabra, *entretenimiento*, es una blasfemia dentro de la cultura cristiana.

El tipo de predicación que impulsaba a la Iglesia en el pasado es el que necesitamos en la Iglesia de hoy.

Casi me resisto a mencionar algún material de lectura. Pienso en los grandes clásicos que han bendecido a la iglesia cristiana durante siglos y cómo Dios ha usado esa literatura. Actualmente, la literatura (si quieres llamarla así) se ha apagado tanto que ya no provoca una pasión santa en nadie. La literatura de hoy día es basura barata, y creo que habría que hacer acopio de ella con una pala y arrojarla donde debe estar.

Desde un punto de vista muy personal, me gustaría ser el Papa durante veinticuatro horas, el tiempo suficiente para emitir una bula, una bula papal. Mi primera bula papal diría algo así: "A partir de este momento ordeno que se destruya toda la basura religiosa publicada durante el último año". En cuanto nos hubiéramos librado de ella, renunciaría a mi cargo como Papa.

Además, escucha los himnos que se entonan en diferentes lugares. ¡Ah, el ejército de los dulces cantores! Estaba Isaac Watts, un hombrecillo con el que nadie quiso casarse porque era muy hogareño, pero escribía himnos, ¡y vaya himnos que escribía! Si meditas en un himno de Isaac Watts conseguirás acercarte más a la presencia de Dios que con cualquier himno moderno.

También estaba Nicolaus Zinzendorf, contable y empresario de éxito, que se convirtió de una forma maravillosa en la iglesia morava. Luego fue el líder de esa iglesia y, durante su ministerio, se produjo un gran avivamiento. Algunos de sus himnos fueron "Jesús, el Señor, nuestra justicia", "Oh ven, Cordero de Dios herido", "Jesús, tu sangre y tu justicia" y "Jesús, sigue guiándonos". ¡Ah, y qué himnos!

Luego hubo hombres como Charles Wesley, Isaac Newton, William Cowper ("Hay una fuente de sangre llena"), James Montgomery, Bernardo de Cluny y Bernardo de Claraval. También Paul Gerhardt, Tersteegen, Kelly, Anderson y Toplady. La lista de los dulces cantores de Dios sigue y sigue...

En nuestras iglesias no deberíamos tolerar algunas de las sandeces que cantamos hoy día. El motivo de que se toleren es que los líderes de nuestras iglesias no saben hacerlo mejor. Es triste pero cierto: hoy los ciegos guían a los ciegos. Nuestros himnos son demasiado frívolos, carentes de sentido, y no ofrecen a Dios lo que Él merece. Esta decadencia trágica e inquietante en el estado espiritual de la Iglesia se ha producido porque hemos olvidado qué tipo de Dios es nuestro Dios. A menos que consigamos saber cómo es Dios, a menos que le conozcamos, aceptaremos todas las tonterías espirituales que hoy pasan por ser cristianismo. Nuestra percepción de Dios determina nuestra percepción de la alabanza.

¿Qué es lo que ha perdido la Iglesia?

Cuando digo *perder*, por favor, no pienses que todo el mundo lo ha perdido, porque Dios siempre cuenta con sus siete mil que no han besado a Baal ni se han inclinado ante su imagen.

Si queremos disfrutar de este tipo de progreso, hemos de comprender lo que hemos perdido en realidad.

En el mismísimo fundamento de nuestra pérdida actual es lo que yo llamo "la visión de la majestad en las alturas".

Hoy somos democráticos en contraposición a autocráticos;

damos palmaditas en la espalda a nuestros reyes y a nuestros líderes y les llamamos "colegas". El concepto de la majestad ha desaparecido del mundo y, en concreto, de la Iglesia.

Ya nadie usa hoy la palabra *majestad*. Pero es que tampoco sabemos lo que significa este sustantivo. Nos hemos convertido en la generación del hombre común, y hemos conseguido rebajar a todo hombre que estuviera por encima de lo común para que sea como todo el mundo. Y si alguien, a base de esforzarse estudiando, orando y trabajando logra levantar la cabeza un poco por encima de los demás, lo agarramos para contenerlo y le llamamos "muchacho" para demostrarle que nosotros somos alguien y él no. Hemos perdido el concepto de la majestad.

Lamento esta pérdida de la majestad que veo imponerse en toda la Iglesia. Creo que sería beneficioso que todo cristiano leyera el libro de Ezequiel, si es posible de rodillas. En este libro de ese viejo profeta leemos un pasaje terrible, amedrentador, espantoso, en el que la *shekiná*, la deslumbrante presencia de Dios, vuela de entre las alas de los querubines y llega al altar. Desde ese altar se alza y pasa la puerta y, produciendo el sonido de un batir de alas, sale a los atrios exteriores y al monte, y por último asciende a la gloria.

La gloria *shekiná* que había seguido a Israel desapareció. Quizá es que Dios ya no pudo soportarlo más, de modo que retiró su majestad y la *shekiná* se fue con ella. Me pregunto en cuántas iglesias habrá pasado esto. Me pregunto cuántas iglesias han experimentado de verdad la majestad imponente de la presencia de Dios en su adoración. Siento que demasiadas de ellas experimentan el silencio de Dios. Hoy día a Dios no se le invita sinceramente al culto de adoración. Todo está programado. Todo está diseñado por la mente humana para complacer a la mente humana. Una vez más, es necesario que veamos la terrible, majestuosa, imponente presencia de Dios, la *shekiná* santa, en nuestros momentos de adoración actuales.

Una hora en la presencia de la majestad de Dios es más valiosa para ti y para la eternidad que todos los predicadores, incluido yo, que jamás se hayan puesto en pie para abrir sus Biblias.

Cuando estudiamos la historia de la iglesia cristiana a través de los siglos es fácil darse cuenta de que vivió dependiente solo del carácter de Dios. A diferencia de otras religiones que llegaron y se fueron con el correr de los siglos, el cristianismo las sobrepasa a todas, sobre todo en este sentido: magnificar el carácter de Dios.

La religión tiene que ver con las obras y obtener la aprobación divina. La historia nos demuestra que es imposible conseguir esto.

El cristianismo se centra en adorar a Dios, en celebrar el asombroso carácter divino y deleitarse en Él. Ninguna otra religión ha estado a la altura del cristianismo en su relación con Dios. Todo lo que hay en el cristianismo se centra en Él. La Iglesia ha predicado a Dios, ha orado a Él, lo ha declarado entre las naciones, le ha honrado y le ha exaltado en todas las generaciones. Cuando la Iglesia actúa como Iglesia, exalta a Dios entre las naciones.

Por el motivo que sea, la Iglesia se ha aburrido de su misión. Es difícil explicar por qué, pero hemos sucumbido al mermado concepto de Dios que se expresa en la religión. Mientras que en otros tiempos teníamos una percepción elevada y santa de Dios, ahora hemos permitido, por el motivo que sea, que el mundo redefina a Dios para nosotros. En lugar de llevar a nuestro Dios al mundo, el mundo nos está trayendo un dios que le resulta aceptable.

El mundo quiere un amigo, un colega o, incluso como ha dicho alguien: "Un vecino en el piso de arriba a quien yo le caiga bien".

El propio Hollywood participa en este drama. Una actriz de

California estaba en cierta ocasión en la ciudad de Nueva York, recorriendo los cabarets, fumando y embriagándose de alcohol. Empezó a hablar del tema de la religión con una persona que le preguntó si ella tenía creencias religiosas.

"Sí", contestó. "Soy una persona religiosa. Lo cierto es que conozco a Dios. ¿Lo conoce usted?".

El hombre se la quedó mirando, sonriente, y le dijo que él no lo conocía.

"Bueno", respondió ella, "pues más le vale conocer a Dios. Si llega a conocerle, descubrirá que es un encanto".

Así que vemos a Dios como "un encanto".

En este mundo no conozco ninguna religión que trate a su dios como nosotros tratamos al nuestro. Tenemos al Dios verdadero, pero sin embargo no le tratamos con el respeto y con la dignidad con la que los paganos tratan a sus dioses.

Debo confesar que hay momentos en que siento la tentación de dar la espalda a muchas de las cosas que hoy día pretenden ser cristianismo. En mi opinión no lo son, y hay que hacer algo para dar un toque de atención al mundo, de modo que la gente se dé cuenta de lo despreciable que se ha vuelto su concepto del cristianismo.

Hemos tomado todas las expresiones carnales del mundo y las hemos aplicado a Dios. La oración es "tener una reunión con Dios". He escuchado esta expresión, y a la única conclusión a la que puedo llegar es que viene de personas que no tienen una percepción correcta de Dios. Conocer a Dios y luego faltarle al respeto es el colmo de la hipocresía. Para muchas personas, la oración no es más que una manera de convencer a Dios de que les dé lo que quieren. Ese tipo de oración nunca sube más allá del techo.

Para muchas personas en nuestro mundo actual, Dios no es más que el famoso más grande de todos; nada más. Si Dios bajase hoy al mundo, inmediatamente le contratarían para intervenir en algún espectáculo televisivo. Organizarían una historia titulada *Esta es su vida,* y luego le contarían a Dios cómo ha llegado a ser quien es. Dios no es más que un personaje famoso y, entre tanto, y por lo que respecta a las cosas de Dios, el cristianismo ha perdido su dignidad.

No creo que necesitemos más religión, sino un mejor tipo de religión. Mi gran carga estos días, y durante muchos años, no se ha centrado en la extensión del tipo de religión que tenemos ahora. Debe tratarse de una mejora del tipo que tenemos, y luego una extensión. La máxima pérdida que hemos padecido en el mundo evangélico, la pérdida aplastante y calamitosa que ha sido la causa de todas las demás pérdidas, ha sido esta: la pérdida de Dios. El Dios altísimo, Creador de cielos y tierra, ese Dios impresionante ante el que se postraban nuestros antepasados, ese Dios nos ha abandonado y, en su lugar, ha venido el Dios de los medio salvos, que quieren llevarse bien con Él y le tratan como si fuera el presidente de algún comité.

El temor religioso

Otra cosa que hemos perdido de nuestro cristianismo evangélico (casi por completo) es lo que solía llamarse "temor religioso". En nuestra época prácticamente no sabemos lo que es el temor religioso, y esa pérdida de temor ha venido acompañada de una irrespetuosidad y una familiaridad con Dios que nuestros predecesores jamás conocieron.

El Dios de nuestros padres se ha visto reemplazado por muchos otros dioses que no pueden, de ninguna manera, sustituir a nuestro Dios. El problema es que ese dios no es el Dios de Abraham, de Isaac y de Jacob, sino un dios del pensamiento, un dios de cabezas huecas, y el resultado de ello es que jamás puede sorprender a nadie, nunca puede trascender nada, nunca puede castigar a nadie, ni aplastarlo, ni levantarlo. No es más que un dios simpático, cómodo, a medio camino entre Platón y John Wesley.

El arte de la adoración

Junto con la pérdida del concepto de la majestad viene la pérdida del arte de la adoración. Ya no adoramos. No estoy seguro de qué hacemos ahora, pero no contiene la reverencia y el asombro maravillado ante Dios que atesoraron nuestros predecesores. La única adoración que es aceptable es aquella que mantiene una armonía completa con el carácter y la naturaleza santa de Dios. Después de todo, a quien adoramos es a Dios, no a nosotros mismos.

La pérdida de la intimidad

Si algo puede destacar al cristianismo, es que es una religión íntima. Jesús dijo que debemos adorar en espíritu y en verdad. Tenemos un caparazón externo tan duro que nos resulta casi imposible tener esos momentos de intimidad en los que nos gozamos en la presencia de Dios.

La pérdida de la consciencia de lo invisible y lo eterno

El mundo está demasiado con nosotros, lo tenemos a nuestro lado en todo momento, y a nuestro alrededor, de modo que parece que hemos olvidado bastante lo invisible y lo eterno. Al menos no somos conscientes de ello. Solamente somos brevemente conscientes cuando muere alguien. Somos personas de "la generación Ahora".

La pérdida de la consciencia de la presencia divina

Hoy día nuestras iglesias han perdido la consciencia de la presencia divina, porque hemos perdido la percepción de la deidad que la hacía posible. Si vienes a la iglesia el domingo es posible que te invada cierta sensación de Dios y de su presencia, pero cuando te marchas, allí se queda. Nunca deberíamos dejar atrás la sensación de Dios. Sin embargo, *hemos* perdido el temor reverente, la actitud maravillada, el temor santo y el deleite espiritual. Hemos perdido la percepción alta y sublime de Dios que es la que Él honra.

Si hemos perdido lo interior y obtenido solo lo exterior, me pregunto si en realidad hemos ganado algo. Me pregunto si no estaremos en un estado pésimo, hablando en términos espirituales. Creo que estamos mal y que necesitamos desesperadamente una nueva manifestación del poder de Dios.

Canto al poder de mi Dios
Isaac Watts (1664-1748)

Canto al poder de mi Dios
que hizo los montes surgir,
que los mares extendió,
que los cielos levantó.
Canto a la sapiencia que ordenó
que el sol de día brillase;
la luna brilla por su mando,
y los astros le obedecen.

Canto a la bondad del Señor,
que llenó la tierra de alimento,
que hizo las criaturas con su voz
y declaró que eran buenas.
Señor, ¡cómo veo tus maravillas
doquier poso mi mirada,
ya sea en la tierra que piso,
o cuando miro los cielos!

No hay planta ni flor alguna
que no declare tu gloria;
vuelan las nubes, rugen tormentas
pues desde el trono lo ordenas;
todo aquello a que das vida
está siempre a tu cuidado;
y en todo lo que pueda haber,
estarás, mi Dios, presente.

5

Restaurando nuestra percepción de Dios

¡Oh Dios, nos duele el corazón cuando pensamos en lo mucho que nos hemos alejado de tu gloria! Te rogamos que nos devuelvas una vez más la gloria de quién eres tú. Perdónanos por habernos quedado tan cortos frente a la gloria que ha establecido tu nombre. Perdónanos por permitir que elementos de este mundo hayan oscurecido la gloria que solo te pertenece a ti. Devuélvenos a aquel punto en que podamos volver a deleitarnos en ti. Amén.

En este libro no me interesa principalmente centrarme en los aspectos negativos de la iglesia contemporánea. Sin duda que hay que señalar tales problemas y hacerlo con claridad, y necesitamos percibir la difícil situación en la que se encuentra la iglesia en nuestros tiempos. Si queremos ser sinceros y fieles a la Palabra de Dios, no podemos esconder bajo la alfombra nuestras carestías espirituales.

La Palabra de Dios no nos permite ignorar la situación espiritual en que nos encontramos. Tenemos la obligación de indicar qué anda mal y, entonces, como hizo Juan el Bautista, señalar al Cordero de Dios que quita el pecado del mundo. "Y al que sabe hacer lo bueno, y no lo hace, le es pecado" (Stg. 4:17).

¿De qué serviría un médico si al examinar a un paciente no prestase atención a algunos síntomas perjudiciales para la salud de este? En virtud de su profesión médica, tiene la obligación y la responsabilidad de procurar el bienestar médico de su paciente.

Si ve que algo anda mal, tiene la obligación de comunicarlo y luego recomendar o recetar una cura.

Por lo tanto, ese es el propósito de este libro: ser fieles en señalar que la iglesia evangélica moderna padece varios problemas espirituales graves, el principal de los cuales es que ha perdido la percepción de Dios que ha sido su rasgo distintivo desde el momento en que se fundó.

No creo que podamos recuperar nuestra visión perdida de Dios a menos que consideremos una vez más la perfección divina. Debemos recuperar el concepto bíblico de la perfección de Dios que se nos ha manifestado con tanta claridad. No creo que podamos saberlo todo de Dios. Él es tan inmenso que no hay manera de que podamos comprender en su totalidad cómo es su gloria. Lo que sí podemos hacer es comprender plenamente aquellas cosas que Él nos ha revelado por medio del Espíritu Santo y de la Palabra de Dios.

La naturaleza imponente, la belleza y la perfección de nuestro Dios deben constituir el centro de nuestras iglesias evangélicas modernas. Ahí debemos concentrar todos nuestros esfuerzos. Sé que existe la tentación de acercar la Iglesia al mundo en un intento desencaminado de llegar a él. Pero no podemos alcanzar al mundo siendo como el mundo. La única manera de alcanzar al mundo es ser algo distinto a lo que él es. Eso es lo que tenemos en el cristianismo.

Una vez más debemos predicar sermones en este sentido. Es necesario escribir y cantar himnos sobre este tema. Debemos cultivar de nuevo la vertiente interior de nuestro cristianismo, y hacer que este sea un tema ardiente en nuestra generación. ¡Oh, si ardiese el fuego del Espíritu Santo en nuestras congregaciones una vez más, pero no el fuego artificial de la creatividad humana! A veces tenemos el deseo de ver que sucede algo y realizamos todo lo que está en nuestras manos humanas para hacerlo realidad. Este no es el origen del fuego que necesitamos hoy en nuestras iglesias.

Si queremos restaurar una percepción santa de Dios hemos de hacerlo de tal modo que honre la naturaleza y el carácter divinos. Hemos de seguir avanzando sin cesar en esa dirección hasta que los hombres y las mujeres se vean atrapados en esta llama santa del deseo por Dios.

Personalmente, siento la pasión de apartar a las personas de los aspectos externos de la religión y ayudarlas a experimentar las maravillosas facetas íntimas de nuestro cristianismo, que Dios ha preparado para nosotros. Sé lo difícil que es esta labor. Ruego a Dios que levante a hombres y a mujeres que estén tan llenos del fuego del altar que nadie pueda extinguir su llama. La iglesia de nuestros tiempos necesita ver una vez más la gloria de Dios.

Sé que hoy día a las personas les interesa escuchar sermones sobre cómo ser mejores, cómo conseguir vivir bien en el mundo y tener prosperidad. Muchos predicadores se adaptan a esta sed de lo superficial, y raras veces escuchamos a alguien que hable sencillamente de Dios. Hay unos pocos por ahí a quienes les interesa este tema, pero no hay suficientes predicadores que estén tan comprometidos con Él que inicien un movimiento en nuestra generación en esta dirección. Ruego a Dios que encienda los corazones de muchos predicadores en este sentido. Olvidemos todas las demás cosas superficiales y prosigamos hacia la perfección de nuestro Dios, y manifestémosle en esta generación.

Me gustaría ver en la iglesia actual una percepción restaurada de Dios en toda su majestuosa santidad.

De nuevo debemos mostrar a Dios en su gloria, como sucedió en los tiempos de Moisés. El Moisés que se acercó a Dios era un hombre osado:

> Él entonces dijo: Te ruego que me muestres tu gloria. Y le respondió: Yo haré pasar todo mi bien delante de tu rostro, y proclamaré el nombre de Jehová delante de

ti; y tendré misericordia del que tendré misericordia, y seré clemente para con el que seré clemente. Dijo más: No podrás ver mi rostro; porque no me verá hombre, y vivirá. Y dijo aún Jehová: He aquí un lugar junto a mí, y tú estarás sobre la peña; y cuando pase mi gloria, yo te pondré en una hendidura de la peña, y te cubriré con mi mano hasta que haya pasado. Después apartaré mi mano, y verás mis espaldas; mas no se verá mi rostro (Éx. 33:18-23).

Creo que hoy necesitamos este tipo de temeridad si queremos recuperar la grandiosidad del Dios al que servimos y adoramos. ¿Dónde están esos hombres y mujeres que se jugarán todo, por así decirlo, y exigirán ver el rostro de Dios, aquellos que no renunciarán hasta que se encuentren con Dios en una experiencia personal?

Nos costará hacer esto, y muchos no están dispuestos a pagar el precio. Como Dios es mi testigo, esta es mi oración no solo por mí, sino por todos aquellos que quieran seguir sus pasos. Tenemos que ascender al monte de la santidad y encontrar a Dios en la majestad de su perfección. Y al igual que Moisés no fue el mismo cuando se encontró con Dios, nosotros tampoco lo seremos después de encontrarnos cara a cara con Él.

Si pretendemos recuperar nuestra percepción de Dios, hemos de comprender su perfección. Hemos de penetrar en el "velo del desconocimiento" y acceder a la perfección de nuestro Dios.

He usado el término *perfección*, y tengo que definir qué quiero decir cuando lo empleo. Si consultamos el *Diccionario Webster*, *perfección* significa: "el grado de excelencia más elevado posible". Algo perfecto es aquello a lo que no le falta todo lo que debería tener y no tiene nada de lo que no debería. Es la plenitud, la completitud, el hecho de no carecer de nada y de no tener nada superfluo.

Esto es lo que quiero decir cuando uso la palabra *perfección*.

La dificultad estriba en que definimos la perfección desde nuestro punto de vista. Por consiguiente, cuando pensamos en la perfección de Dios esto no nos proporciona una imagen positiva de su persona. Pensamos en la perfección como algo relativo. Si tienes dos cosas y una de ellas es mejor que la otra, damos por hecho que la mejor es la perfecta. En este sentido, la perfección significa que es mejor que otra cosa. Y usamos sin cesar este concepto, desde un punto de vista humano.

Por ejemplo, en la música hay cantantes que son mejores que otros, de modo que asumimos que el que canta mejor está cerca de la perfección. Pero siempre podremos encontrar a otro que cante mejor. Entonces, esa perfección del primero pasa a un segundo lugar. Cuando pensamos en Dios, la perfección nunca puede ir a más ni a menos.

Unos padres piensan que su bebé es perfecto. A sus ojos, lo es. Pero ¿cómo puede ser perfecto el hijo o hija de todo el mundo? Cuando usamos el término *perfección* siempre hay un aspecto relativo. Desde nuestro punto de vista, nuestra perfección es mejor que la de otras personas o que otras cosas.

En este sentido, nuestro uso de la perfección se centra en las cosas creadas. Incluso aquellos cantantes a los que consideramos perfectos podrán perder, en el transcurso de pocos años, parte de la cualidad perfecta de su forma de cantar.

El niño que nació siendo perfecto crecerá para convertirse en un adulto imperfecto. Nuestro concepto de la perfección tiene una faceta "presente".

Cuando hablamos de Dios y usamos este concepto de la perfección, este ángulo ya no es válido. Lo que se aplica a una criatura nunca se puede aplicar al Creador. Una criatura posee grados de perfección que suben y bajan. Pero cuando hablamos del Creador, en Él no hay niveles de perfección fluctuantes. Lo que Dios es en determinado momento es lo que siempre es.

Como el No Creado, Dios no tiene grados. En nuestro caso, los grados son lo que nos identifica. Un día estamos contentos; al día siguiente estamos hundidos en la miseria, y no sabemos qué podemos hacer para seguir adelante. Un día sentimos gozo; al día siguiente estamos tristes. Nos pasamos la vida con altibajos.

Cuando hablamos de Dios, no podemos compararle con nada o con nadie. Tenemos estas dos categorías: el Creador y la creación. Lo que es cierto de una categoría no lo es de la otra. "¿A qué, pues, me haréis semejante o me comparareis? dice el Santo" (Is. 40:25). Lo que nos dice Dios es que no podemos compararle con nada ni con nadie. Es incomparable.

Una de nuestras dificultades es la de intentar definir a Dios. Creo que en las Escrituras Dios nos da cierta libertad en esta área porque no hay palabras que describan y definan exactamente a Dios. Está más allá de toda definición y descripción. Sin embargo, por nuestra parte sentimos el deseo de conocer a Dios y de seguir su ejemplo. Lo que sabemos de Dios no es más que, en realidad, una pequeña parte de lo que Dios es realmente.

Tenemos la necesidad de intentar organizar lo que sabemos en pequeños departamentos. Esto lo necesitamos nosotros, no Dios. A Dios no se le puede encajar en un casillero. Dios es siempre lo que es. Cuando pensamos en los atributos de Dios, los estudiamos individualmente, pero en su persona es imposible distinguir entre uno y otro.

Dios es lo que es. Cuando hablamos de la unidad de Dios y de sus atributos, a veces pensamos en todas las partes de Dios que trabajan juntas de forma armoniosa. Esta es una imagen inadecuada de Dios. Dios no está hecho de partes. Dios es Dios. Un hombre de Dios dijo una vez, sabiamente, que los atributos de Dios son incontables. Podemos conocer unos pocos atributos de Dios, y un atributo, como he explicado muchas veces, es algo que Dios nos ha revelado que es verdad acerca de sí mismo.

Nuestro problema llega cuando intentamos comprender a

Dios. Trabajamos pieza a pieza, y luego intentamos juntar todas las piezas. Una vez más, Dios nos concede cierto margen en este campo. Pero, por limitados que seamos, Dios es ilimitado.

Tomemos por ejemplo el cuerpo humano. Para nosotros, la salud es cuando todas nuestras partes funcionan armoniosamente. Cuando uno de nuestros órganos no colabora con los demás, tenemos problemas de salud. Todos ellos deben colaborar entre sí. Sin embargo, hay personas a quienes les falta un órgano interno y aun así viven. Hay algunos que han pasado por un trasplante de corazón y están vivos gracias a eso. Como estamos compuestos de partes, tenemos problemas de salud.

Nuestro problema llega cuando tomamos esta experiencia humana y la aplicamos a nuestra comprensión de Dios.

Cuando decimos que Dios es un Dios de amor, lo que queremos decir muchas de las veces es que Dios no odia. Sin embargo, hay muchos pasajes bíblicos que nos hablan de la ira de Dios y de su aborrecimiento por el pecado y el pecador. Esto no quiere decir que el amor de Dios funcione en un momento dado y luego, como el cambio de marchas de un vehículo, funcione en otro momento. El cambio de marchas puede funcionar en un automóvil, pero Dios no tiene marchas que cambiar.

Dios es lo que es en una unidad armónica de no creación.

Ahora bien, debido a la unidad de Dios, no hay límites para lo que Él es. Por ejemplo, no hay límites para su misericordia. Dios es tan misericordioso con una persona como lo es con otra. Por otro lado, ¿qué diremos de la gracia de Dios? La gracia de Dios está tan disponible para una persona como para otra. El hecho de que algunas personas no experimenten la misericordia y la gracia de Dios personalmente no es culpa de Él. Dios nos ha dado la posibilidad de experimentarle en toda su plenitud, y esta no es otra cosa que lo que dijo el Señor Jesucristo: "Yo soy el camino" (Jn. 14:6).

No hay límites para la bondad de Dios. Dios es tan bueno

con una persona como con otra. Nuestro reto consiste en experimentar esa bondad en el ámbito humano. Podemos experimentar la bondad divina hasta el punto en que estemos dispuestos a hacerlo. Dios no limita la cantidad de su bondad, su gracia, su misericordia o su amor que podemos experimentar.

Cuanto más profundizamos en la belleza de Dios, más nos rodea una sensación ilimitada de su belleza. Dios quiere declarar esta belleza sobre nuestras vidas. Dios quiere derramar en nosotros la infinitud de todos sus atributos, su naturaleza y su carácter. Nuestro problema es que nuestra limitación determina hasta qué punto podemos experimentar a Dios.

Lo que he descubierto, simplemente, es esto: cuanto más experimento a Dios, más aumenta mi capacidad de experimentarle. Cada día, cuando camino con Dios y permito que el Espíritu Santo me revele quién es Él realmente, más aumenta mi capacidad de alabar y adorar a este Dios.

Lo que significa esto es que mi adoración crece y crece a medida que lo hace mi percepción de Dios. Dios no puede crecer. Mi percepción de Dios aumenta a medida que le experimento día tras día. Hoy debería ser más capaz de adorar a Dios de lo que lo fui hace diez o veinte años. A medida que avanzo hacia Dios, mi capacidad de comprenderle se vuelve cada vez más profunda.

Por supuesto, también lo contrario es verdad. Cuando me alejo de Dios, mi capacidad empieza a reducirse. ¿Cuántos cristianos experimentan hoy una merma de su capacidad de adorar a Dios? Quizá este sea el motivo de que nuestros cánticos hoy sean tan superficiales.

Sion, en las santas colinas
The Psalter (El salterio)

Sion, en las santas colinas,
Dios, tu Hacedor, mucho te ama;
todos tus atrios su presencia llena,
y en ti se complace en morar.
Maravillosa tu gloria será,
ciudad bendita de Dios, el Señor;
naciones nacerán en ti, a la vida
de la muerte devueltas.

Cuando el Señor el nombre de tus hijos,
incontable hueste, un día escriba,
Dios el Altísimo te justificará,
Él te dará fuerzas.
Entonces, con himno y santo gozo,
tus hijos rescatados al unísono,
cantarán con gozo en este mundo:
"Todas mis fuentes están en ti".

Motivos para una mala percepción de Dios

¡Oh Dios!, a menudo caemos en la trampa de dar por hecho que estamos en paz contigo, cuando la realidad es que estamos lejos de ti. Conmueve nuestros corazones, de modo que no nos satisfagamos con lo que somos o lo que tenemos, sino que nuestro contentamiento esté solo centrado en ti. Amén.

Nuestra percepción de Dios es tan esencial que hemos de esforzarnos todo lo que podamos para garantizar que esté profundamente enraizada en el fundamento de su Palabra. Es muy fácil salirse del camino e intentar actualizar la Palabra de Dios. La Palabra de Dios a Moisés es nuestro lema hoy: *no cambies los planes que te di en la montaña.* A veces somos culpables de cambiar el plan de Dios porque, por el motivo que sea, pensamos que somos más listos que Él.

Tenemos que abordar determinadas cosas si queremos mantener nuestra percepción de Dios donde tiene que estar. Hay determinadas cosas que hacemos que son perjudiciales para nuestro progreso espiritual. Permíteme que esboce algunos de los errores que cometemos y que suponen un obstáculo para nuestro progreso.

Creo que el primer error consiste en dar por hecho que, como está en la Biblia, está en nosotros.

En una reunión de oración se levanta alguien y dice: "Con Cristo estoy juntamente crucificado, y ya no vivo yo, mas vive

Cristo en mí; y lo que ahora vivo en la carne, lo vivo en la fe del Hijo de Dios, el cual me amó y se entregó a sí mismo por mí" (Gá. 2:20).

Como ese hermano ha citado las Escrituras y cree lo que dicen, asume que lo que dicen las Escrituras es una realidad en su vida. Pero el hombre que da este tipo de testimonio quizá no tenga en su vida gran cosa que respalde y justifique este testimonio. El hecho de que creas no significa que sea una realidad en tu vida. Damos por hecho que, si está en la Biblia, está en nosotros.

Por lo que a mí respecta, si no está en la Biblia no lo quiero en mi vida. Sin embargo, puede estar en la Biblia y no insertarse nunca en mi vida. Dado que nuestros maestros bíblicos a menudo nos guían por este camino, tendemos a pensar que si lo leemos en la Biblia está en nosotros, tanto si nos lo hemos apropiado como si no.

Cuando estemos en la presencia del Señor Jesucristo no harán falta ni cinco minutos para que se nos llenen los ojos de lágrimas al darnos cuenta de todo lo que nos hemos perdido estando aquí en la tierra. Veremos cómo nos traicionaron aquellos que fingían enseñarnos, pero que nos dejaron en una situación calamitosa. El propósito del Señor es que seamos las personas más felices, plenas y desbordantes de este mundo.

Podemos tener todo lo que la Biblia nos dice que podemos tener, pero no demos por hecho que lo tenemos porque la Biblia lo diga. Debemos llegar al punto de experimentar personalmente todo lo que la Biblia nos enseña. Es importante conocer el primer paso, pero solo es el primer paso, y luego debemos proseguir hacia la perfección; es decir, experimentar lo que Dios quiere que experimentemos en el Señor Jesucristo por el poder del Espíritu Santo.

Otro error que obstaculiza nuestra percepción de Dios es, simplemente, la pereza espiritual. Sé que suena duro, pero es algo que he visto en todas partes, incluso en mi propia vida. La pereza física es una cosa, pero la pereza espiritual es algo que realmente nunca abordamos en nuestras vidas.

Podemos obligarnos a hacer ejercicio físico para compensar nuestra pereza física, pero es casi imposible obligarnos a hacer ejercicio intelectual. Hoy día la iglesia típica ha caído en el nivel de una residencia para niños retrasados. El pastor no se atreve a exponer alta teología, porque sus pobres ovejas ignorantes no podrían seguirle. Cuesta hacer que las personas piensen, pero aún cuesta más hacerlas sentir sed.

Podemos exhortar a las personas a que hagan ejercicio físico, y si le dedican el esfuerzo suficiente verán resultados inmediatos. Y podemos hacer que algunos practiquen ejercicio intelectual. Pero por lo que respecta a hacer que las personas sientan sed espiritual, necesitamos al Espíritu Santo. He descubierto que el aspecto más frustrante de la predicación y de la enseñanza es que el predicador y el maestro no pueden hacer el trabajo de cambiar a las personas. Debe ser una obra del Espíritu Santo en el corazón del creyente. Puedo animar a las personas a leer libros, pero no puedo convencerlas a base de palabras de que sientan hambre y sed de las cosas de Dios. Para hacer eso es necesario el Espíritu Santo.

Otro error que obstaculiza y pone en peligro nuestra percepción de Dios es el amor al mundo. Con esto quiero decir que aceptamos como "normal" el estándar predominante en el mundo.

Imaginemos que un niño nace en un centro sanitario para pacientes tuberculosos. Sé que suena ridículo, pero sígueme el juego. Ese niño nace allí, vive allí, crece en ese entorno y considera que la situación es normal; no tiene más información. Todo el mundo tose, todos se agarran el pecho, todo el mundo lleva una bolsita en la que escupir, todo el mundo tiene que hacer cinco siestas al día y seguir una dieta alimenticia especial. Si uno crece en ese ambiente, piensa que eso es normal, y ajusta toda su vida a esa normalidad.

De modo que es posible crecer en una iglesia moderna, aceptar el cristianismo subdesarrollado, débil, anémico y gastado que hay en ella, creer que es el cristianismo del Nuevo Testamento y no esperar nada mejor, pensar que no hay nada más a lo que aspirar.

Cuando nuestro modelo de la normalidad es el mundo, nos ajustamos a sus estándares. Cuando nos hemos ajustado a los patrones del mundo, contradecimos los de la Palabra. Todo nos parece normal, y nadie sospecha que en esto de la vida cristiana hay algo más a lo que apuntar.

Recuerda que es el Espíritu Santo quien nos ordena que prosigamos hacia la perfección. Esto es una cuestión de disciplina espiritual cotidiana.

Creo que otro error que cometemos que afecta enormemente a nuestra percepción de Dios es nuestro deseo exagerado de que nos consuelen a toda costa. ¿Habremos llegado a un punto en la Iglesia donde el consuelo es nuestro Dios?

Algunos van a la iglesia en busca de consuelo. Nos animan a que vayamos a la iglesia buscando paz y consuelo. Pero la iglesia no es un lugar donde hallar consuelo; es un lugar donde escuchar la predicación del evangelio para hallar la salvación. Hay una enorme diferencia entre ser consolado y ser salvo. Un hombre puede hallar el consuelo y acabar en el infierno. Un hombre puede padecer una convicción abrasadora, terrible, convertirse y acabar yendo al cielo.

Exigimos a nuestros predicadores que nos consuelen en todo momento. Queremos ser consolados, animados, como si fuéramos niños y niñas pequeños. Personalmente, quiero conocer lo peor de mí para poder hacer algo al respecto mientras tenga tiempo. Si no sé lo que anda mal, nunca podré corregirlo, y esto tendrá un efecto adverso en mi vida.

Otro error drástico, que abordaré más adelante en este libro, es la falta de disposición para morir a la carne.

He escrito algunos artículos para una revista cristiana que hablaban del tema del Espíritu Santo. El tema de esos artículos tenía que ver con nuestra vida más profunda y con nuestra relación con el Espíritu Santo. Esa serie de artículos provocó dos reacciones tan distintas como la noche del día.

La serie estaba formada por cuatro artículos y, cuando se publicó el último de ellos, recibí una larga carta de un conocido expositor bíblico. En esa carta me decía que, después de leer mi artículo, estaba preocupado porque le parecía que yo estaba desencaminando a los lectores. Me preguntó si yo no sabía acaso que todo aquel que es creyente tiene al Espíritu Santo, y si ignoraba que el mandamiento de ser llenos del Espíritu no era algo que tuviéramos que obedecer en realidad, sino más bien un ideal puesto como meta. Era un simple acicate para seguir adelante, pero la idea de que Dios llenase a alguien con el Espíritu Santo era impensable. En aquella carta tocaba algunos puntos más.

Dejé la carta a un lado y no la contesté. Es imposible cambiar la forma de pensar de algunas personas. Entonces recibí otra carta de la misma persona en la que me informaba que le había decepcionado no recibir una respuesta. "Quiero una respuesta", decía.

Así que le contesté:

> Amado hermano, no pretendía ser maleducado al no responder a su carta, pero hay algunas cosas que son demasiado sagradas como para exponerlas a la mirada insensible de un hombre que piensa como usted. Además, espero que no me considere poco caritativo si le digo que si el pueblo de Dios ansiara tanto verse lleno del Espíritu Santo como ansía demostrar que eso no puede ser, la Iglesia saldría de su estancamiento.

Volvió a escribirme incluyendo una copia de mi carta y me dijo que iba a enviarla, junto con otra suya, al editor de la revista, exigiéndole que le concediera el mismo espacio que a mí para responderme. Estaba claro que no iba a olvidarse de ese tema de que todo el mundo puede ser lleno del Espíritu Santo.

Las cartas como esa pueden ser deprimentes, pero entonces recibí otra procedente del editor de aquella revista.

Estaba viajando en tren, saliendo de Chicago, cuando por casualidad se sentó al lado de un joven de aspecto agradable, quizá cercano a la treintena, y entabló una conversación con él. Después de hechas las presentaciones, el joven dijo: "He oído hablar de esa revista". Se pusieron a hablar de muchas cosas y, al final, tocaron el tema de aquellos artículos que yo había escrito sobre el Espíritu Santo.

"He leído esos artículos sobre la vida más profunda", dijo, "y no sé cómo decirle, pero me siento fatal. No creo que ni siquiera me haya convertido. Es espantoso. He padecido mucho, he pasado por muchas cosas, pero sigo sin estar seguro. Quiero ser lleno del Espíritu Santo. Me encuentro en un estado deplorable".

Mi amigo llegó a su estación y se bajó, de modo que ahí se separaron sus caminos. Pasaron unos meses y volvieron a coincidir en el tren, y aquel joven reconoció a mi amigo. Esta vez mi amigo se dio cuenta de que el aura de tristeza del joven se había desvanecido. El rostro de aquel hombre brillaba como el sol después de la lluvia.

Después de haberse saludado mutuamente, mi amigo comentó: "La última vez que nos vimos tenía una cara muy larga. Estaba muy apesadumbrado".

"Sí", repuso el joven, "pero, ¿sabe una cosa?, Dios me visitó. ¡Dios vino a mi encuentro! Ahora quiero contarle algo. Quiero que ore por mí, porque debo tomar una decisión. He estado en Europa, en un viaje patrocinado por el Consejo Mundial de Iglesias, y he visto que las pobres ovejas están en muy mal estado. He dado una charla en esa gran convención, y cuando lo hice desbordaba del gozo que Dios me dio. No sé por qué lo hice, pero cuando concluí mi sermón dije: '¿Han recibido al Espíritu Santo desde que se convirtieron?'. Una vez que me senté, se me acercaron algunos predicadores veteranos y me dijeron: 'Joven, gracias a Dios que se ha atrevido a decir eso. Nosotros lo creemos, pero tenemos miedo a decirlo'".

Entonces le dijo a mi amigo: "Quiero que ore por mí. Tengo que decidir si puedo seguir formando parte de esa denominación o no".

Dos personas, la misma serie de artículos sobre el Espíritu Santo, y dos respuestas totalmente distintas. Un hombre se puso rojo de ira y se propuso demostrar que uno no puede ser lleno del Espíritu Santo. Otro hombre, metido en una denominación muerta, padeció una convicción tan ardiente que encontró a Dios sin que nadie le ayudase y se atrevió a conmocionar a los asistentes al Consejo Mundial de Iglesias.

Esta es la diferencia entre un hombre hambriento y otro satisfecho. Ahora la pregunta que debo formular, no solo a mí mismo sino a ti como lector, es esta: ¿Estás satisfecho o tienes hambre?

La respuesta a esta pregunta te guiará en una u otra dirección. Y la respuesta a esa pregunta y las consecuencias que tenga determinarán en gran medida tu percepción de Dios.

Si tienes suficiente hambre como para hacer algo al respecto, habrás llegado a las alturas del monte de Dios. Si estás satisfecho, seguirás siendo el mismo personaje débil y mediocre que eres ahora. Todo es cuestión de hasta qué punto quieres conocer a Dios.

Tu camino, Señor, no el mío
Horatius Bonar (1808-1889)

Tu camino, Señor, no el mío
¡por oscuro que este sea! Guíame
con tu propia mano, y elige
el camino para mí.

Sea liso o abrupto sea,
siempre será lo mejor;
zigzaguee o vaya recto, dará igual:
a tu reposo llevará.

No me atrevo a elegir mi sendero;
no lo haría aun si pudiera;
elige tú por mí, mi Dios,
para que vaya por recta vereda.

El reino que yo busco
tuyo es: que el camino
que a él lleve sea el tuyo, pues si no
sin duda me perderé.

Toma mi copa y llénala
de tristeza o de alegría,
como mejor te parezca;
elige tú mi mal, mi bien.

Elige por mí a mis amigos,
mi salud, mi enfermedad:
elige tú mis cuidados,
mi pobreza o mi riqueza.

No soy yo, no soy quien elige
en cosas grandes o pequeñas;
sé tú mi guía, mi fuerza,
mi sabiduría, mi todo.

La percepción de nuestra relación con Dios

Amado Señor Jesús, anhelo conocerte y tener comunión contigo, y acercarme al misterio de tu majestad. Abre mi corazón para que vea lo que tú quieres que vea en lo tocante a mi relación contigo. Llena mi corazón de una expectativa maravillosa fundamentada en el corazón del Señor Jesucristo. Amén.

Antes de proseguir, hemos de examinar quién es Cristo y cuál es su relación con la compañía de los redimidos a la que llamamos Iglesia. ¿Quién es este Cristo? ¿Cómo me relaciono con Él? Hemos de responder a estas preguntas de tal manera que nos acerquen al corazón de Dios. Una cosa es disponer de mucha información sobre Dios, y otra es deleitarse en la calidez y en la realidad de su presencia.

Nuestra relación con Dios se puede resumir, aunque imperfectamente, en tres palabras: esencialidad, "basicalidad" y preeminencia. Estas tres palabras, si se entienden dentro del contexto de las Escrituras, aportarán una gran luz al corazón del creyente. Formamos parte de Cristo, pero creo que la cosa va mucho más lejos que eso.

Jesucristo es esencial

Los escritores de los antiguos devocionales solían subrayar que Cristo es para la Iglesia lo que el alma es para el cuerpo. Ya sabes lo que es el alma para el cuerpo; es lo que le aporta la vida, y cuando el alma abandona el cuerpo, este no puede mantenerse con vida. Cuando el alma se va, llega el embalsamador, y en la Iglesia de Cristo (cualquier iglesia, en cualquier lugar, de cualquier denominación, se llame como se llame), mientras Cristo esté en ella, impartiendo vida a esa compañía de redimidos, tenemos a la Iglesia. Cristo es esencial para la Iglesia. La dota de cohesión, y se manifiesta en ella.

Jesucristo es básico

La siguiente palabra es *basicalidad*. No creo que exista, porque me la he inventado. Pero si no existe este término, debería existir. Lo que quiero decir es que Jesucristo es básico para la Iglesia. Le sirve de fundamento, y toda la compañía de los redimidos descansa sobre el Señor Jesucristo. Creo que yo sería capaz de ir por todo el mundo gritando sencillamente: "¡Cristo es suficiente!".

Lo que nos debilita en los círculos evangélicos es que después de Cristo añadimos el signo de más (+), Cristo más algo. Lo que añadimos es siempre lo que arruina nuestra vida espiritual. Siempre son las adiciones, o los aditivos como decimos ahora, los que debilitan a la Iglesia. Recuerda que Dios ha declarado que su Hijo, Cristo, es suficiente. Él es el camino, la verdad y la vida; es la sabiduría, la justicia, la santificación y la redención. Es la sabiduría de Dios y el poder de Dios que reúne en sí mismo todas las cosas, y en Él todas las cosas existen, de manera que no queremos a Jesús más alguna otra cosa, o a Jesucristo y algo más. Nunca debemos poner una "y" después de Cristo, esperando algo más, o Cristo con unos puntos suspensivos que conduzcan a otra cosa. Debemos predicar a Cristo, porque Él es suficiente.

Nosotros, los de la fe evangélica, que es, creo como he creído siempre, la fe de nuestros padres y la fe bíblica, no debemos decir Cristo *más* la ciencia o Cristo *más* la filosofía, o Cristo *más* la psicología, *más* la enseñanza o *más* lo que sea, sino solo Cristo. Las demás cosas pueden tener su papel y usarse, igual que podemos arrojar arena en los crisoles donde se hace el cristal y la arena se funde. Podemos usar estas cosas, pero no descansamos en ninguna de ellas. Descansamos en Aquel que es el fundamento de la fe de nuestros padres.

Cristo es preeminente

Luego tenemos la palabra *preeminente*; que Cristo debe ser preeminente y estar por encima de todas las cosas. Pensemos en Jesucristo por encima de todo lo demás, por debajo de todo, fuera de todo y dentro de todo. Está por encima de todas las cosas, pero no sostenido por ellas. Está por debajo de todas, pero aplastado. Está fuera de todo pero no excluido, y dentro de todo pero no confinado. Está por encima presidiendo, por debajo sustentando, por fuera abarcando y por dentro construyendo.

Estamos comprometidos con Jesucristo, nuestro Señor, y solo con Él. Nuestra relación con Cristo es todo lo que importa, en realidad. Creo que la genuina fe cristiana conlleva el apego a la persona de Cristo con un compromiso total con Él.

Este apego a la persona de Jesucristo viene acompañado de varias cosas.

Existe una vinculación intelectual. Seguir a Jesucristo con un compromiso absoluto, un compromiso total, significa que debe existir un vínculo intelectual con Cristo; es decir, que no podemos depender de nuestros sentimientos o nuestros retazos de conceptos poéticos sobre Cristo. Hoy en día tenemos alrededor de nosotros muchos cristos fraudulentos, y creo que como seguidores del Cordero estamos obligados a denunciarlos, revelar lo que son de verdad y luego señalar al Cordero de Dios que quita el pecado del mundo.

Hoy debemos advertir a las personas de que si tienen a un

Cristo imaginario y están satisfechas con Él, entonces tendrán que contentarse con una salvación imaginaria. Parece que en nuestro caso todo se reduce a eso. Nuestra salvación no es mejor que nuestra percepción de Cristo. Si esa percepción está distorsionada, nuestra salvación también queda malograda.

En nuestro mundo actual hay muchos cristos, muchos señores y muchos dioses. Tenemos la propensión a soñar con un Dios que hemos imaginado y que en ese momento nos satisface. Sin embargo, nuestro mensaje es que solo existe un Cristo, y quienes le siguen tienen un compromiso con Él que es un vínculo intelectual; es decir, conocer a Cristo teológicamente.

Tenemos al Cristo romántico de la novelista, al Cristo sentimental del vaquero medio convertido, al Cristo filosófico del estudioso académico, al Cristo cómodo del poeta afeminado, y al Cristo musculoso del atleta estadounidense. Tenemos todos estos tipos de Cristo, pero solo existe un Cristo, y Dios ha dicho de Él que es su Hijo.

El Credo de Atanasio dice que "Jesucristo, el Hijo de Dios, es Dios y hombre: Dios de la sustancia del Padre, engendrado antes de los mundos; un hombre de la sustancia de su madre, nacido en el mundo; Dios perfecto y hombre perfecto, que posee un alma racional y carne humana; igual al Padre en lo tocante a su divinidad, e inferior al Padre en lo tocante a su humanidad; quien, aunque es Dios y hombre, no es dos personas, sino un único Cristo". Este es el Cristo al que adoramos, y debemos tener conocimiento de esto; es decir, debemos tener al Cristo de la teología cristiana.

Nunca quisiera tener nada que ver con cualquier libro, movimiento, religión o filosofía que no empiece con Cristo, parta de Él y regrese de nuevo a Él; el Cristo de Dios, el Cristo de la Biblia, el Cristo de la teología cristiana, el Cristo histórico de las Escrituras. Él es el único, de modo que debemos tener un vínculo intelectual con Cristo. No te puedes limitar a dejar que tu corazón acuda corriendo a Cristo embargado por unos sentimientos cálidos hacia su persona sin estar seguro de quién es Él. Esto es la esencia de la herejía. Debemos creer en el Cristo de Dios, debemos creer en quien Dios dijo que es.

El vínculo volitivo con Cristo

Luego tenemos el vínculo volitivo con Cristo. Si quiero seguir a Cristo por el camino con un compromiso completo, total, debo hacerlo por medio de mi voluntad. Una persona está en baja forma y comete un grave error cuando intenta vivir basándose en sus impulsos, su inspiración y sus sentimientos. El hombre que se basa en sus sentimientos no lo está haciendo bien, ni logrará permanecer mucho tiempo. Los escritores de los antiguos devocionales solían hablar de "la noche oscura del alma". Hay un lugar donde el cristiano pasa por las tinieblas, donde hay pesadez.

Algunos creen que Dios nos llevará al cielo envueltos en celofán, como si nos fueran a colgar en el árbol de Navidad. Dios nos llevará al cielo después de habernos purgado y disciplinado, después de hacernos pasar por el fuego y de fortalecernos. Gracias a Dios que la fe *trae consigo* el sentimiento, como solían cantar:

Feliz el día en que escogí
Philippe Doddridge (1702-1751)

Feliz el día en que escogí
servirte, mi Señor y Dios.
Preciso es que mi gozo en ti
lo muestre hoy por obra y voz.

¡Soy feliz! ¡Soy feliz!
y en su favor me gozaré.
En libertad y luz me vi
cuando triunfó en mí la fe,
y el raudal carmesí
salud de mi alma enferma fue.

¡Pasó!, mi gran deber cumplí.
De Cristo soy y mío es Él.
Me atrajo y con placer seguí,
su voz conoce todo fiel.

Reposa, débil corazón,
a tus contiendas pon ya fin.
Hallé más noble posesión
y parte en superior festín.

(Trad. T. M. Westrup)

Ahora a la gente le da miedo orar estas palabras. Creo que de igual modo que Daniel decidió que no tomaría de los alimentos del rey, y al igual que Jesús afirmó su rostro como el pedernal, y de la misma manera que Pablo dijo: "pero una cosa hago", creo que los verdaderos seguidores de Cristo deben ser personas cuyas voluntades se hayan santificado, no hombres y mujeres sin voluntad. Nunca he creído que cuando enseñamos la vida más profunda debamos decir que Dios destruye nuestra voluntad. Un hombre así no serviría de nada en este mundo, y para sostenerlo tendríamos que añadirle unas muletas. Si no tienes voluntad, no tienes propósito. Lo más hermoso es que Dios une nuestra voluntad con la suya, y nuestra voluntad se fortalece; y su voluntad nos funde con Dios hasta el punto de que apenas sabemos si la que obra en un determinado momento es nuestra voluntad o la suya.

Nuestro vínculo exclusivo con Cristo

Nuestro vínculo con la persona de Cristo debe excluir todo aquello que sea contrario a Él. En la vida cristiana hay una polaridad, que nace en el mismo umbral de esa vida.

Vivimos en una época en que intentamos ser positivos al cien por cien. Pero las Escrituras dicen que Dios ama la justicia y aborrece la iniquidad. También dice que el propio Cristo es más alto que los cielos más altos, separado de los pecadores. Si Él tuvo que aborrecer con objeto de amar, también tú y yo debemos hacerlo.

Hoy nos dicen que seamos positivos. A menudo la gente me escribe diciéndome que soy negativo y me exhorta a ser positivo. Ser positivo el cien por cien del tiempo sería tan absurdo como inútil y, gracias a Dios, tan mortífero como lo es pasarse la vida inspirando pero sin espirar. El cuerpo humano necesita que inspires oxígeno y luego espires para librarte de los gases nocivos. La Iglesia de Cristo también debe inspirar y espirar. Después de inspirar debe espirar, y cuando la Iglesia de Cristo inhala el Espíritu Santo, debe expulsar todo aquello que le sea contrario.

Algunas iglesias se preguntan por qué el Espíritu Santo no ha estado por allí desde las Navidades pasadas. El motivo es que no han espirado. No se han librado de los asuntos del pasado. No creo que ningún hombre sea capaz de amar antes de ser capaz de odiar. No creo que ninguna persona pueda amar a Dios si antes no odia al diablo. No creo que nadie pueda amar la justicia hasta que aborrezca el pecado. Las Escrituras nos dejan con la opinión, con la creencia, de que para aceptar es necesario que rechacemos ciertas cosas. Para poseer, tienes que renunciar a algo. Para afirmar, hay determinadas cosas que debes negar. Para decir que sí, debes ser capaz de decir que no. El hombre que no tiene el valor o la fortaleza interna para gritar un "no" resonante a algunas cosas nunca podrá decir que sí y pretender que signifique algo.

Yo, por mi parte, he llegado a la conclusión de que no puedo estar a bien con todo el mundo. No me sirve la idea de unos pastores delicados que, con el rostro pintado de un rubor sagrado, intentan llevarse bien con todo el mundo. En un esfuerzo por complacer a todos, acabamos por no complacer a nadie. Nos vemos tentados a procurar no ofender a nadie. No quiero aguar el cristianismo. Quiero ser capaz de decir que no y decirlo con sentido. Quiero poder decir que no a las cosas malas y sí a las cosas buenas.

Un vínculo inclusivo con Cristo

Como ves, esto es inspirar. Yo acepto todo lo que Cristo es, hace, dice, promete y ordena, y todas las glorias que circundan su cabeza, y todos los oficios que tiene, y la hermosura brillante de las diversas facetas de su naturaleza infinita, todo lo que Él es, todo lo que ha dicho, todo lo que ha prometido. Lo incluyo todo.

Me estoy uniendo a Cristo e identificándome con Él, de modo que acepto sus amigos como míos. Amo a todo el pueblo de Dios. Creo que Dios tiene hijos en todas partes y que, un día, todos nos veremos en el cielo, de manera que los amo a todos.

Acepto los amigos de Dios como míos. Y, a su vez, acepto sus enemigos como los míos. Un obispo anciano dijo una vez que el Señor tiene sus tesoros en vasos de barro, y que algunos de esos vasos tienen grietas. Tengo que estar dispuesto a aceptar a los amigos del Señor, dondequiera que estén y quienquiera que sean. Sus amigos son mis amigos, y sus enemigos son los míos.

¿Cuál sería una buena definición de un cristiano? Una buena definición de un cristiano es la que dice que es alguien que ha regresado de entre los muertos. Creo que Pablo fue una de las personas más curiosas, extrañas y también gloriosas, de todas las que han vivido. Pablo nos dio un pasaje que parece un tanto extraño: "Con Cristo estoy juntamente crucificado, y ya no vivo yo, mas vive Cristo en mí" (Gá. 2:20). ¿Cómo llegó Pablo a esa conclusión? Está muerto, pero está vivo. ¿Está vivo o muerto? Y sigue diciendo: "y lo que ahora vivo en la carne, lo vivo en la fe del Hijo de Dios, el cual me amó y se entregó a sí mismo por mí". Pablo se está contradiciendo pero, a pesar de esa contradicción, vemos en su mensaje una verdad maravillosa y gloriosa.

Un cristiano es alguien que fue crucificado pero que vive, uniéndose a Jesucristo. Todos los miembros del cuerpo de Cristo están unidos a su cuerpo y comparten, en alguna medida, esa unión hipostática entre Dios y el hombre. Estamos unidos a Él, de modo que cuando murió en la cruz y resucitó de los muertos, nosotros también lo hicimos. Cuando ascendió a la mano derecha de Dios Padre, nosotros ascendimos a esa diestra. Si alguien está en Cristo, busca las cosas de arriba. Y, tal como está escrito, estamos sentados en los lugares celestiales, lo cual significa que estamos realmente donde Él está, y somos miembros de su gran cuerpo místico.

Nuestro vínculo irrevocable con Cristo

Con esto quiero decir que el Señor no quiere a ningún experimentador. En cierta ocasión alguien escribió un libro titulado *Prueba a Jesús*. Todos esos experimentos... no creo en ellos.

Un joven acudió a un creyente anciano y le preguntó: "¿Qué significa estar crucificado con Cristo?".

Después de reflexionar unos instantes, el hombre le dijo: "Estar crucificado significa tres cosas. Primero, el hombre crucificado solo mira en una dirección. No se puede volver para mirar lo que sucede a sus espaldas. Deja de mirar atrás y mira justo al frente. El hombre en la cruz mira solo en una dirección, que es la dirección de Dios, Cristo y el Espíritu Santo, la dirección de la revelación bíblica, de los ángeles y la edificación de la Iglesia, la dirección de la santificación y de la vida llena del Espíritu. Mira solo en una dirección".

Entonces el anciano reflexionó un momento y dijo: "Una cosa más sobre el hombre en la cruz; no vuelve atrás. El hombre que va a morir en una cruz no le dice a su esposa: 'Adiós, cariño. Volveré poco después de las cinco'. No volverá. Cuando vas a morir en una cruz, dices adiós a tus amigos, les das un beso de despedida y luego ya no vuelves".

Creo que si pudiéramos enseñar más estas cosas y dejar de intentar que la vida cristiana resulte tan fácil que merece nuestro desprecio, tendríamos más convertidos que durarían más tiempo. Si le planteas a un hombre que está uniéndose a Cristo y ha acabado para siempre con los asuntos de este mundo, y que no va a volver, tendrá que echarse la cruz al hombro.

"Y otra de las cosas que le sucede al hombre en la cruz", dijo aquel señor, "es que ya no tiene planes propios. Alguien ha trazado sus planes por él. Cuando sube por la colina no se para al ver a un amigo y le dice: 'Bueno, Enrique, el sábado que viene sobre las tres de la tarde quedamos para ir a pescar al lago'. No irá a pescar; ha acabado con todo; se dirige a la muerte; no tiene ningún otro plan".

Los cristianos tenemos tantos planes que nunca estamos quietos. A pesar de que algunos planes se hacen en el nombre del Señor y del cristianismo evangélico, son tan carnales como las cabras. Todo depende de quién haga los planes por ti.

Es hermoso decir: "Con Cristo estoy juntamente crucificado" y saber que Él traza tus planes. Veinte minutos de rodillas, en silencio delante de Dios, te enseñarán a veces más de lo que puedas aprender en los libros, y más de lo que puedas aprender en la iglesia. Dios te dará tus planes y los pondrá delante de ti. Si pasásemos más tiempo esperando en Dios, reduciríamos el tiempo que dedicamos a discutir y a debatir. Debemos unirnos a Cristo intelectual, volitiva y exclusivamente, de modo que seamos prescindibles y no volvamos atrás.

¡Adelante!
Carrie E. Breck (1855-1934)

Cristo, poderoso capitán, nos guía contra el enemigo;
nunca vacilaremos cuando nos pida marchar;
aun cuando desconozcamos su propósito justo,
seguiremos avanzando.

Coro:
¡Adelante! ¡Adelante! Nos lo manda el Señor.
¡Adelante, adelante! A la Tierra Prometida.
¡Adelante, adelante! Suene la canción:
¡Venceremos sin duda con Cristo, nuestro Rey!

Los crueles estragos de Satán no deben pararnos
mientras confiamos en Cristo, nuestro escudo y protector.
Siempre adelante, con la espada del Espíritu,
recorreremos el camino.

Despleguemos la bandera gloriosa;
el mal caerá de su poderosa fortaleza;
Cristo, capitán poderoso, vence al mundo,
y nosotros le seguimos en el camino.

Feroz ruge la contienda, pero no durará;
triunfantes, nos uniremos a la bendita multitud,
entonando con gozo el cántico del vencedor,
si seguimos el camino hasta el final.

Nuestra percepción de Dios lo determina todo

Padre nuestro que estás en los cielos, ¡qué maravilloso es el mundo contemplado a través de tus ojos! Cuanto más te conocemos, más empezamos a entender el mundo maravilloso que está alrededor y por encima de nosotros. Has construido el mundo para que te honre en todos los sentidos posibles. Todas las facetas del mundo revelan algo de tu carácter y de tu naturaleza. Te ruego que hoy pueda descubrir más de esa percepción por medio de Jesucristo. Amén.

Cuando nuestra percepción de Dios se ha visto perjudicada o corre peligro, todo lo que nos rodea se sume en la confusión y en el caos. Nada parece tener sentido, y todo parece contradecir a todo lo demás. Como ya he señalado, esto es un resultado de la caída del ser humano en el huerto del Edén. Todo el mundo creado se vio afectado por esto.

"Porque sabemos que toda la creación gime a una, y a una está con dolores de parto hasta ahora", escribe Pablo (Ro. 8:22). No podemos saber cómo era este mundo antes de la maldición del pecado. Un día lo sabremos, pero hasta entonces vivimos bajo esta terrible maldición que afecta a toda la humanidad y a la creación entera. Cuando conozco a Dios, empiezo a comprender cómo se supone que deben ser las cosas. Mi percepción de Dios es donde se fundamenta mi comprensión de todo lo demás. Una vez sé cómo es Dios y que es el Creador y el Redentor, empiezo a ver las cosas con otros ojos.

Muchos dirían que yo, por naturaleza, soy pesimista. Cuando miro alrededor de mí, veo todo lo que anda mal. Cuando empiezo a entender a Dios, mi pesimismo comienza a convertirse en optimismo. La depravación ha corrompido mi naturaleza, pero mi nueva naturaleza en Cristo me eleva por encima de esa depravación introduciéndome en el nivel de la gloria. Empiezo a contemplar el mundo con los ojos de Dios. El punto de vista divino, por decirlo así, ha afectado todo lo que hay en mi vida.

Cuando era más joven me gustaba muchísimo la música clásica. Disfrutaba escuchando piezas clásicas, e identificaba a todos los compositores más importantes. Disfruté mucho debatiendo quién era el mejor músico y el mejor compositor clásico. Ahora he dejado atrás esos tiempos. No es porque me haya hecho mayor, sino porque me he acercado más a Dios. Toda la belleza de esa música secular y la brillantez de los compositores empezaron a desvanecerse al compararlas con un sencillo himno.

Admito sin problemas que la mayoría de himnos no se puede comparar en talento con las obras de los grandes compositores clásicos. La mayor parte de los himnos presenta errores en los ámbitos de la composición y de la música. Los compositores de himnos no están en la misma categoría que los grandes compositores de la música clásica. Eso lo entiendo.

Sin embargo, a medida que he profundizado mi relación con Dios y me he acercado más a Él, en mi interior ha cambiado algo. Ya no miro la música de la misma manera. Ya no busco que la música o la composición me deslumbre. Ha aumentado mi aprecio por la himnología.

Creo que mi atracción por los himnos tiene que ver con el porqué y el cómo se compuso cada himno. Sé que los grandes compositores de himnos no los escribieron para impresionar al público, sino motivados por un corazón que adoraba profundamente a Dios. El aspecto de la adoración siempre me ha atraído. Al escuchar las composiciones clásicas, adoraba la propia composición. Ahora los grandes himnos de la Iglesia me han llevado al punto de elevarme ante la presencia de Dios. Un himno no es tal a menos que me haga llegar a esa atmósfera inusual donde impera el asombro que adora y alaba a Dios.

Sigo siendo capaz de apreciar la música secular, pero a medida que voy creciendo en Cristo, no tiene el mismo efecto sobre mí que tenía antes. Cuando medito en uno de los grandes himnos de la Iglesia, mi corazón se conmueve hasta grados de adoración que no puede proporcionarme ninguna composición musical secular.

Creo que por eso es hermoso el Salmo 23, porque honra a Dios. Y creo que eso mismo sucede con el resto de la Biblia. Este libro que tengo entre mis manos es reluciente, hermoso. Es precioso tanto si está envuelto en el papel más barato o en el cuero más caro, tanto si está impreso en papel normal o en papel de la mayor calidad; sea como fuere, es un libro hermoso.

En lo relativo a la Biblia, me he cansado un poco de la guerra de las traducciones: qué traducción es la mejor, cuál es más precisa, cuál es más erudita. En mi biblioteca dispongo de todas las traducciones de la Biblia que se encuentran hoy día. Amo la Biblia y, a pesar de todas esas traducciones (y muchas son magníficas), siento que vuelvo una y otra vez a la antigua versión King James. Esto no se debe a que sea mejor que cualquier otra traducción, pero en esa versión de la Biblia hay algo que realmente mueve mi corazón y me hace sobrepasar el nivel intelectual para llegar al de la adoración. Si después de leer la Biblia y meditar en ella no he encontrado al Verbo viviente, es que he leído en vano. En mi lectura de la Palabra de Dios debo persistir hasta que atraviese las tinieblas y llegue a la luz de su presencia.

Cuando medito en la Palabra de Dios mi corazón se inflama, y mi concepto de la Biblia es el resultado directo de mi creciente aprecio por Dios. Cuanto más conozco a Dios, más comprendo su carácter y su naturaleza. Cuanto más profundizo en los atributos de Dios y medito en su Palabra, más empiezo a apreciar todo lo que me rodea. Mi relación con Dios por medio de Jesucristo me ha proporcionado unas gafas nuevas, con las que puedo mirar el mundo y apreciarlo mucho más, viendo lo que Dios pretende que vea.

Creo que el cristianismo es lo más hermoso del mundo. Creo que la Biblia es el libro más hermoso del mundo. Creo que un buen himnario es la cosa más estupenda, maravillosa y hermosa del mundo. Y creo que el rostro de un santo anciano es más hermoso que la hermosura reunida de todas las ganadoras en los concursos de belleza.

A medida que caminamos hacia Dios todas las cosas se vuelven más hermosas y, cuando nos alejamos de Él, se vuelven más feas. Por eso la teología es algo hermoso. La teología no es más que el estudio de Dios. Es la mente que razona sobre Dios. Es la mente que se postra delante de Dios meditando y adorándole.

Este tipo de teología puede ser hermoso si empieza en Dios y concluye en Él. Este es el secreto. Sé que hay presuntos teólogos que han convertido la teología en un compuesto técnico de cuestiones religiosas. Que hagan lo que quieran. Mi concepto de la teología es Dios. Quiero conocer a Dios. Cuanto más le conozco, más se llena mi corazón de alabanza y de adoración. Cuanto más cerca estoy de Dios, más descubro la belleza de todas las cosas relativas a Él. Creo que la adoración consiste en admirar la belleza asociada con Dios. Si nuestra teología no está llena de belleza, es simplemente porque no está llena de Dios. En Dios no hay nada feo. Cuanto más cerca estemos de Dios, más apreciaremos en qué consiste la belleza. Cuando empezamos a alejarnos de Él, comenzamos a experimentar la fealdad presente en este mundo.

Esto afecta a nuestro concepto del cielo, del infierno e incluso del mundo. Algunas de las cosas que se publican hoy sobre el cielo están tan alejadas de la Palabra de Dios que me pregunto de dónde saca la gente semejantes ideas. El cielo no es un lugar ficticio propio de la fantasía y del folclore; y el infierno tampoco lo es.

Nuestro concepto del cielo

El cielo es el lugar de la belleza suprema, porque en él habita la perfección. El Dios perfecto, el Dios de belleza inefable, está allí, y el cielo será hermoso. Nuestro problema actual es que estamos demasiado satisfechos con el mundo. Después de todo, teniendo un apartamento de dos pisos, un televisor y dos coches, ¿por qué vamos a querer ir al cielo? Si todo lo que tenemos aquí abajo es tan agradable, no hay buenos motivos para ir al cielo. Nadie te persigue ni viene a tu casa de noche para meterte en la cárcel. Nadie viene a cerrar tu iglesia y a perseguirte. Vivimos demasiado bien aquí abajo. Lo tenemos todo solucionado. Henry Ford, Thomas Edison y otros nos solucionaron los problemas, de modo que podemos nacer en un hospital, ir a nuestra casa, no bajar nunca de la acera y vivir nuestra vida entera pisando asfalto, y morir al fin y que nos lleven al Memorial Park, donde nos enterrarán bajo el césped verde y artificial. Es un lugar hermoso donde vivir, si lo miramos desde esta visión panorámica. Este mundo es un lugar bastante hermoso. ¿Por qué vamos a querer ir al cielo?

Cantamos muchísimo sobre el cielo, no porque esperemos llegar allí antes que los demás, sino solo porque pensamos que si Jesucristo está en ese lugar, debe ser un sitio maravilloso. El hermoso, el Señor de la gloria, aquel que es adorable en todo sentido... si Él está allí, el cielo debe ser un lugar maravilloso.

Estoy convencido de que el cristiano medio tiene que replantearse su concepto del cielo. Buena parte de su concepto del cielo procede del mundo, de las mejores cosas de este mundo proyectadas a lo alto, a un lugar llamado cielo. Si lo piensas detenidamente, nada puede ser más descorazonador que esto. El cielo no es lo mejor que puede ofrecer el mundo. El cielo es lo mejor que ofrece Dios. Cuanto más empecemos a conocer a Dios y a entender su carácter y su naturaleza, más comprenderemos en qué consiste el cielo.

Se han publicado muchos libros sobre el cielo y sobre cómo piensa la gente que será. Es increíble que alguien que lleva una vida depravada en este mundo espere ir al cielo cuando muera. Su vida está llena de la fealdad del mundo, pero de alguna manera piensa que irá directo al cielo tras su muerte. En realidad, todo el mundo va al cielo. Al menos eso es lo que les dicen.

Creo que debemos conocer lo que dice la Biblia sobre el cielo, no lo que alguien del mundo tiene que decir al respecto.

Por ejemplo, si una persona se va de vacaciones, busca toda la información posible sobre su destino. Quiere consultar folletos, mapas y guías para saber un poco lo que se va a encontrar cuando llegue a ese lugar. Creo que lo mismo podemos decir respecto al cielo.

¿En qué consiste el cielo?

Imagina lo más hermoso que existe en este mundo; pues no tiene ni punto de comparación con la belleza del cielo. Tenemos que entender que la tierra, este mundo que nos rodea, está bajo la maldición del pecado. El cielo estará totalmente libre de todos los aspectos del pecado. A nosotros, que hemos soportado el peso de la depravación, nos cuesta apreciar esto.

Como cristianos, debemos cultivar una mente más celestial. Es sencillo verse atrapado por el mundo que nos rodea, hasta tal punto que no logremos mirar y ver la belleza del Señor.

El escritor de himnos, Samuel Stennett, plasmó la esencia de esta idea en su himno:

En la ribera tormentosa del Jordán estoy,
y clavo mi mirada anhelante
en la hermosa y feliz tierra de Canaán,
donde me aguardan mis bienes.

Stennett entendía lo realmente tormentoso que es este mundo, y que en el mundo no había nada para él. ¿Apreciamos de verdad la belleza del cielo? En mitad de esa "ribera tormentosa", ¿buscamos tiempo para "clavar la mirada anhelante" en "la hermosa y feliz tierra"? ¡Ah, la belleza del cielo escapa a nuestra capacidad de describirla o incluso de apreciarla ahora!

Me niego a leer un libro escrito por alguien que sabe más del cielo de lo que la Biblia nos cuenta sobre él. Si obtenemos nuestra información sobre el cielo de fuentes que no sean la Biblia, no conseguiremos una visión del cielo tal como Dios lo ha creado. ¡Hay tantas cosas del cielo que no sabemos!

Por ejemplo, no sé dónde está el cielo. A veces la gente mira hacia arriba, como si el cielo estuviera por encima de sus cabezas. Quizá esté ahí; lo ignoro. Pero no saber dónde está el cielo no es tan importante como saber que es mi destino.

La tecnología de nuestra generación ha avanzado hasta tal punto que podemos enviar cohetes al espacio, que recorren miles de kilómetros. Algunos se preguntan si no nos estaremos acercando más al cielo. Yo no sé dónde está el cielo, pero lo que sí sé es que es imposible llegar hasta él a bordo de un cohete con la tecnología más avanzada que haya podido idear el ser humano. El hombre no tiene la capacidad de abrirse camino hasta el cielo. ¿Te acuerdas de la torre de Babel? De entrada, no sabemos dónde está el cielo. Además, ¿qué sería necesario para llegar a él?

A pesar de toda su creatividad, el hombre aún tiene que construir un umbral que le lleve al cielo. "Yo soy el camino, y la verdad, y la vida; nadie viene al Padre, sino por mí", dijo

Jesús (Jn. 14:6). Si queremos llegar al cielo de Dios, tenemos que hacerlo por el camino de Dios. Por lo que a mí respecta, no quiero tener nada que ver con el cielo del ser humano, con el concepto que tienen las personas del cielo o con su percepción del mismo. He visto lo que ha hecho el hombre aquí en la tierra, y no quiero que nada de eso llegue al cielo.

El cielo es la morada de Dios, y todo en él revela la belleza de la naturaleza divina. El cielo es un reflejo de todos los atributos de Dios, de su naturaleza y su carácter. Es un lugar donde Dios se siente a gusto, y donde el pueblo de Dios hallará paz y tranquilidad.

Lo que vemos en este mundo no es nada comparado con lo que veremos en el cielo. Después de todo, ¿qué tiene que ofrecernos en realidad este mundo? De hecho, estamos en él un corto espacio de tiempo. Lo mejor que puede ofrecernos el mundo es temporal. El mundo intenta tentarnos con artículos y productos que nos aportarán satisfacción, pero solo lo consiguen transitoriamente. Lo que Dios tiene para nosotros es algo que perdurará toda la eternidad.

Nuestro concepto del infierno

Una vez obtenemos una ligera comprensión del cielo (que es lo máximo que podemos hacer), tenemos que centrar la atención en el infierno. Ya no nos gusta hablar del infierno. Preferimos hablar del cielo. Sé que es así, pero lo cierto es que existe un infierno real que debemos evitar. Nuestro problema actual es que no tenemos una visión realista del infierno.

En el infierno, a diferencia del cielo, no hay nada hermoso. En el infierno solo encontramos una monstruosa deformidad moral, depravación y fealdad absoluta. Algunos se preguntan si en el infierno hay fuego. La Biblia dice claramente que en el infierno hay fuego y un lago de fuego. Pero, aunque sea por un momento, olvídate del fuego. El infierno es un lugar tan espantoso que todo el que lo contempla destaca esta característica.

La Biblia nos dice claramente que el infierno fue creado para el diablo y sus ángeles. El infierno no es un lugar para el hombre. El hombre fue creado para ir al cielo. Pero cuando el pecado entró en el mundo y ensució la imagen de Dios dentro del hombre, este perdió el derecho de entrar en el cielo. El único lugar que podía recibirle tras su muerte era el infierno.

Cuando la gente dice que un hombre está perdido, esa perdición se manifestará en grado sumo cuando llegue al infierno. Estará en un lugar donde no estará a gusto. En el infierno no hay nada que haga algo por las personas que están en él.

Piensa por un momento en un lugar donde no hay belleza, no hay perfección de sabiduría, donde nadie entiende la naturaleza de Dios; un lugar cuya fealdad excede todo lo que conocemos en el mundo. Piensa en el lugar más desagradable del mundo, el lugar donde reine una mayor depravación moral, y eso no se puede comparar con la fealdad del infierno.

William Booth, el fundador del Ejército de Salvación, fue un cristiano muy pasivo hasta que tuvo una visión del infierno. Esa visión le conmocionó hasta tal punto que se pasó el resto de su vida rescatando al mayor número posible de personas de ese destino espantoso y terrible.

Si entendiéramos en qué consiste el infierno, nos convertiríamos en los evangelistas más comprometidos de nuestra generación.

Nuestro concepto de la tierra

Después de haber visto el contraste entre el cielo y el infierno, hemos de corregir nuestra percepción de la tierra.

El cielo es un lugar de una belleza absoluta, mientras que el infierno es el lugar de la depravación completa. La tierra ahora se encuentra en un punto intermedio entre el cielo y el infierno. Hay aspectos de la tierra que son, sencillamente, hermosos. También hay facetas de este mundo que son totalmente feas.

Para comprender la contradicción de este mundo, hemos de tener una visión clara del cielo y del infierno. Debemos ver que aquí, en la tierra, se extiende el gran campo de batalla entre el cielo y el infierno. Si no soy precavido, siento la tentación de pensar que el infierno va ganando la guerra.

Hoy es fácil ver cómo la fealdad está por todas partes en nuestro mundo. La depravación del ser humano está aumentando en nuestra generación como nunca antes. La capacidad del hombre para ser malvado, rencoroso y asesino es un reflejo de la fealdad del mundo. Vemos de lo que es capaz el ser humano y cómo el pecado impera sobre todo, convirtiendo este mundo en un lugar terrible donde vivir. Independientemente de lo que intentan hacer los gobiernos, la naturaleza de pecado lo controla todo y no cesará hasta el fin de los tiempos.

Como contraste a esto, tenemos la belleza del mundo. Hay algunas cosas que reflejan la belleza de nuestro Creador. Los hombres y las mujeres redimidos reflejan en sus comunidades la belleza de nuestro Señor de un modo que da testimonio de la gracia de Dios. La belleza de una vida santa se puede percibir como contraste a la depravación de nuestro mundo actual.

¿Cuál es la responsabilidad de la Iglesia hoy? La primera obligación que tiene nuestro cristianismo es regresar a Dios y llegar a conocerle como Él se ha revelado en las Escrituras: Padre, Hijo y Espíritu Santo. Es terrible, maravilloso, hermoso, encantador, justo, severo, amable, santo y puro. Con Dios no se puede bromear ni hacer tonterías, ni tomárselo en broma. Es el Dios Todopoderoso de nuestros padres, cuya mano potente conduce a todo el ejército de las estrellas con su belleza. La primera misión de todo ministro del evangelio es devolver a Dios a la Iglesia; no el Dios intelectual de los académicos, no el Dios impotente de los evangelistas rituales, no el presidente de la junta, sino el Dios que se revela en las Escrituras y que se manifestó de forma suprema en la persona del Señor Jesucristo.

Ese es el Dios al que debemos recuperar; esa es la percepción de Dios que tenemos que reencontrar. Hemos de reincorporar a nuestra comunión a Dios, al Dios trino. Debemos dejar de tontear con las cosas pequeñas, con todas esas cosas pequeñas que hacemos, olvidando que padecemos una pérdida terrible: la pérdida de nuestra percepción de un Dios majestuoso que es digno de ser adorado.

Dios nos hizo a su imagen y nunca quiso que reflejásemos nada que no fuera a sí mismo. Nunca pretendió que tuviéramos una percepción casera de Dios. Existen dos tipos de idolatría. Puede ser una idolatría flagrante, cuando los hombres hacen un ídolo y se arrodillan ante él. Esto, al menos, es un acto sincero. Pero existe otro tipo de idolatría, que es la de la mente. Consiste en pensar en el Dios que quieres y luego adorar lo que crees que Dios debería ser. Si yo quisiera adorar a un Dios que no fuera Dios, adoraría a un buitre o cualquier otra cosa, como hacen en algunos países del mundo, y sería sincero en mi adoración, en lugar de intentar alcanzar al Dios Todopoderoso y arrastrarlo hasta mi percepción barata de su persona.

Creo que en las escuelas habría que hacer algo al respecto. Creo que desde los púlpitos habría que hacer algo; que los editores deberían abordar este tema; que los escritores de himnos deberían actuar. Nuestros músicos deberían hacer algo. Tendríamos que salir del pantano y mirar las estrellas, y caminar y escuchar la voz dulce y asombrosa que encantó a Isaías, a David y a todos los santos a través de los siglos.

Canta, canta, alma mía
Henry F. Lyte (1793-1847)

Canta, canta, alma mía,
a tu Rey y tu Señor,
al que amante te dio vida
te cuidó y perdonó.
Canta, canta, alma mía,
canta al poderoso Dios.

Canta su misericordia,
que a tus padres protegió.
Cántale pues de su gloria
te bendice con favor.
Canta, canta, alma mía,
canta su fidelidad.

Como padre Él te conoce,
sabe tu debilidad.
Con su brazo te conduce,
te protege de maldad.
Canta, canta, alma mía,
prueba de cantar su amor.

Ángeles y querubines
ayudadme a cantar,
y vosotros, sol y luna,
que los cielos domináis.
Todos juntos, alabemos,
y cantemos su loor. Amén.

(Trad. Roberto E. Ríos)

9

NUESTRA PERCEPCIÓN DE DIOS DETERMINA NUESTRA COMUNIÓN CON ÉL

Mi corazón, ¡oh Dios!, se conmueve de maneras que escapan a mi comprensión. Cuanto más te conozco, más te amo; y cuanto más te amo, más te deseo. Crea en un mí un corazón puro, y haz de él la morada de tu presencia; y no permitas que nunca me aparte de ese aspecto de mi comunión contigo. Acércame más, ¡oh Dios!; acércame a ti en la perfección de tu revelación. Amén.

A medida que empiezo a comprender la perfección de Dios y el modo en que se manifiesta en mi vida, puedo ver que esa experiencia me lleva al punto de experimentar la presencia manifiesta de Dios. Este es el fundamento de mi comunión con Dios. La presencia de Dios está alrededor de nosotros, pero la base de mi comunión con Él es la presencia manifiesta de Dios, ese *mysterium tremendum*.

"Examíname, oh Dios, y conoce mi corazón", escribió el salmista David. "Pruébame y conoce mis pensamientos; y ve si hay en mí camino de perversidad, y guíame en el camino eterno" (Sal. 139:23-24). Fuera cual fuese la causa, David quería que Dios le guiase "en el camino eterno". Para conseguir esto, en el corazón de David debían producirse algunos cambios importantes, y el salmista estaba decidido a introducirlos en su vida.

En el capítulo anterior hablé del infierno. Básicamente, el

infierno es para aquellos que no son como Dios. La diferencia moral crea el infierno; es una diferencia moral respecto a Dios. El propósito supremo de Dios es alinearnos con su carácter. Después de todo, fuimos creados a imagen de Dios, y signifique lo que signifique eso, en nosotros hay algo que se relaciona con algo que hay en Dios, y nuestra comunión depende de que descubramos ese "algo".

Debo erradicar de mi vida todo aquello que sea diferente a Dios y contrario a su santidad. Por eso David dijo "examíname, oh Dios, y conoce mi corazón". David entendía que no podía conocer su propio corazón, y si él no podía conocerlo, ¿cómo podríamos hacerlo personas como tú y como yo? Esa es una obra de Dios, y por necesidad nunca debe verse obstaculizada por nuestra ignorancia de lo que hace Dios. La persona que necesita saberlo todo y comprenderlo todo impedirá que Dios haga lo que solo Dios puede hacer.

¿Dónde empieza nuestra comunión con Dios? Es una pregunta que necesita respuesta. Todo se condensa en un término teológico: *reconciliación*. Dado que no mantenemos una buena relación con Dios, debemos reconciliarnos con Él según sus términos.

Nosotros no ponemos las condiciones para esa reconciliación. A muchas personas les gusta poner sus propias condiciones, con la esperanza de llegar a un punto intermedio con Dios. El problema es que Dios nunca consentirá en ello. O lo hacemos como dice Dios o no lo hacemos. Y la forma que tiene de hacerlo Dios se personifica en el Señor Jesucristo. Nuestra reconciliación mediante Jesucristo se fundamenta en tres actos que Dios ha establecido para que tengamos una reconciliación plena con Él.

La expiación es el primer acto. Esa es la obra que hizo Jesucristo en la cruz por nosotros. Fue una obra que solo Él podía hacer. La expiación se consumó cuando Jesús murió en la cruz a nuestro favor.

El segundo acto es la justificación. Una vez más, Jesucristo consiguió esto en la cruz. Algunos consideran que esta es la faceta legal de nuestra expiación. Jesús nos entregó una obra concluida totalmente aceptable a Dios. Nuestra responsabilidad consiste en aceptarla para nuestras vidas.

El último acto es la regeneración. Aquí es donde entramos en juego. Todo lo que hizo Jesucristo en la cruz no hubiera servido de nada, carecería de valor, si no tuviera un impacto sobre la naturaleza humana. Lo que hizo Jesucristo en la cruz, que produjo nuestra regeneración, fue lo único que podía devolvernos la comunión plena con Dios. Esta regeneración nos lleva a la naturaleza divina.

Lo único que Dios puede aceptar de nosotros es a su Hijo. Y, por medio de la obra de la reconciliación, Dios ha llevado al ser humano al punto en que este puede tener comunión con Él. Si Dios no interviene, es imposible tener comunión con Él. Dios no aceptará nada menos de lo que Él ha establecido para nosotros. Esta reconciliación nos conforma a la naturaleza de Dios de modo que podamos tener comunión con Él y Él con nosotros.

Con frecuencia, en las reuniones de oración, alguien pide a Dios que "se acerque a nosotros". Hay muchos cristianos que tienen muchos problemas en este sentido, porque creen que Dios está lejano. Creen que de alguna manera, recurriendo a cierto tipo de medios, necesitamos llamar la atención de Dios e inducirle a acercarse a nosotros. Si oramos el tiempo suficiente, si conseguimos que ore el número suficiente de personas, entonces convenceremos a Dios para que se acerque.

Esto supone malinterpretar el concepto de la cercanía de Dios. Dios está tan cerca de ti ahora mismo como lo ha estado siempre y como siempre lo estará. Por supuesto, este es uno de los atributos de Dios, la omnipresencia, que significa sencillamente que Dios está presente en todas partes. No hay ningún lugar donde no esté Dios. Dios está tan cerca de una cosa como está de otra; y esto es algo que nos cuesta entender. Intentamos comprender a Dios y sus atributos por medio de nuestras capacidades limitadas. Dios no tiene ninguna limitación respecto a nada.

Ten en cuenta que, sin importar dónde estés o qué hagas, Dios está cerca. Para que se acerque a nosotros no hay que atraerle ni sobornarle. Ya está más cerca de lo que jamás podamos imaginar.

Este problema de la cercanía de Dios es especialmente cierto para aquellos cristianos que viven con un concepto de lo que yo llamo "el distanciamiento de Dios". De alguna manera, no creen que Dios esté donde están ellos. De una u otra forma, Dios está muy distante de donde se encuentran. Como no sienten la conexión con Dios, no creen que Dios esté cerca. Por consiguiente, tienen que gritar y dar voces para llamar la atención de Dios, como si Él estuviera en otra parte haciendo otra cosa. En el corazón de muchos que se consideran cristianos domina esta vaciedad.

Como pasó con Elías en el Antiguo Testamento, solo después de que se hubieran disipado todos los otros ruidos pudo escuchar aquel silbido apacible y delicado, la voz poderosa de Dios que le hablaba. El problema que tenemos hoy día es que no podemos quedarnos lo bastante callados como para escuchar ese silbido apacible.

Para tener comunión con este Dios, la comunión debe basarse en sus condiciones, no en las nuestras. Dios ya ha establecido las condiciones para tener comunión con Él, y ninguna de ellas es negociable. Es Él quien redacta los principios de esa comunión, no nosotros. ¿Cuántos cristianos intentan mantener una relación con Dios que en realidad no se fundamenta en el carácter y en la naturaleza divinos? Por algún motivo han tomado las relaciones que mantienen con otros y las han proyectado en Dios. Esto nunca funciona.

Mi relación y mi comunión con otro hermano o hermana en

el Señor dependen de que esté físicamente allí. Dependen de que yo los vea y ellos me vean, que les oiga hablar y ellos me oigan contestarles. Cuando no están cerca no sé lo que están diciendo, y ellos ignoran lo que digo yo. En cierto sentido, hemos proyectado esto sobre Dios. Si no podemos verle, entonces Él no puede vernos. Si no sentimos que esté aquí, es que no lo está. Y si no está aquí, entonces no sabe o no entiende cuál es mi situación. ¿Cuántas veces hemos intentado explicar a Dios las dificultades que vivimos y cómo nos puede sacar de ellas?

¡Qué frustrante resulta intentar acercarnos a Dios y que nada dé resultado! Mi vida de oración parece vacía. Los cielos parecen estar forrados de bronce impenetrable. Esto describe a muchos cristianos cuya percepción de Dios no se basa realmente en lo que Él nos ha revelado de sí mismo.

Hemos basado nuestro cristianismo en una mala interpretación de la verdad bíblica. Tenemos un conocimiento intelectual sobre lo que es el cristianismo, pero no en el corazón. Podemos explicar el cristianismo, pero no podemos vivirlo desde el corazón. La diferencia entre el conocimiento en la mente y en el corazón es que el corazón sí puede experimentar a Dios, la presencia de Dios, mientras que la mente no puede.

Cuando pienso en este tema, hay una pregunta que tengo que formular: ¿Cuántos cristianos han experimentado realmente a Dios? ¿Cuántos han ido más allá de creer que Dios existe y han experimentado la presencia de Dios? Una cosa es saber acerca de Dios, pero otra es conocer a Dios mediante la experiencia personal. El gran deleite de nuestro Padre que está en el cielo es que le experimentemos de la manera que Él merece.

Me apasiona mucho leer la Biblia. Creo firmemente en la importancia de pasar un tiempo a solas con Dios en la Palabra escrita, y exhorto a otros a pasar todo el tiempo que les sea posible leyendo la Palabra de Dios. He descubierto que cuando paso tiempo con la Palabra de Dios experimento el Verbo de vida. Si no he experimentado este Verbo, no he leído la Biblia de verdad. La Biblia no es un libro de texto que me ayude a responder una serie de preguntas. La Biblia no se puede comparar con ningún otro libro del mundo. Cuando me acerco a la Biblia, cuando paso tiempo leyendo y meditando las Escrituras, entro en un mundo donde manda Dios y donde desea revelarse al corazón adorador.

Cuando escudriño la Palabra de Dios esta empieza a revelarme a Dios. Y, a medida que se produce esa iluminación divina con la guía del Espíritu Santo, empiezo a ver a Dios como es realmente, no como una caricatura que ha dibujado alguien con objeto de explicarme a Dios. El gran secreto de la vida cristiana es empezar a experimentar a Dios como Él desea que le experimente. El máximo deleite de Dios consiste en llevarme a su presencia.

Me temo que, en la práctica, en la Iglesia actual solo tenemos a cristianos teológicos, no a cristianos profundamente espirituales. Tenemos un gran conocimiento intelectual de la Biblia, y podemos "presentar defensa con mansedumbre y reverencia ante todo el que [nos] demande razón de la esperanza que hay en [nosotros]", pero no pasamos de ahí.

Cuando empiezo a conocer a Dios, comienzo a experimentar aspectos de su persona que aumentan mi apetito de conocerle más. Nunca tengo bastante de Dios. Empieza a crecer en mí el anhelo de estar cerca de Dios, y empiezo a reconocer que Dios está dentro de mí; y quiero experimentar a ese Dios que está en mi interior. Anhelo la manifestación de la presencia de Dios, un grado de comunión con Él que trascienda el mero conocimiento intelectual. Esto no es algo que podamos explicar. Si pudiéramos explicarlo para satisfacción de todo el mundo, no sería Dios. Dios es mucho más de lo que podemos explicar o adaptar al entendimiento humano. A Dios solo se le puede experimentar en el corazón, que crea una atmósfera de alabanza y adoración.

Tal como yo lo veo, el problema más frecuente entre los cristianos modernos es que tienen la sensación de que Dios está ausente. Muchos creen en Dios. Muchos adoran a Dios e incluso le cantan. Pero es casi como si no estuviera. Esto ha hecho que el cristianismo caiga por debajo de cualquier otra religión del mundo. Créeme cuando digo que el cristianismo no es como cualquier otra religión. El cristianismo empieza con Dios y envuelve al corazón humano que ha sido redimido, y regresa al corazón de Dios. El apóstol Pablo lo deja claro cuando escribe:

> Si, pues, habéis resucitado con Cristo, buscad las cosas de arriba, donde está Cristo sentado a la diestra de Dios. Poned la mira en las cosas de arriba, no en las de la tierra. Porque habéis muerto, y vuestra vida está escondida con Cristo en Dios (Col. 3:1-3).

Esta es la postura del cristiano. Buscamos las cosas de arriba. El mundo que nos rodea no nos atrapa, sino que ponemos nuestro afecto en las cosas de arriba. Buscamos nuestra redención, que está en Jesucristo.

La realidad de Jesucristo es el fundamento para nuestra comunión diaria con Dios. Si solamente reconocemos que hay un Dios en alguna parte y que Jesucristo murió por nuestros pecados y que un día, cuando muramos, iremos al cielo, no hemos captado de verdad la dinámica de la comunión con Dios.

Mi comunión con Dios es mucho más que "un día moriré e iré al cielo". Mi comunión con Dios consiste en experimentar la presencia manifiesta de Dios en mi vida cotidiana; no se trata solo de una experiencia de domingo por la mañana, que durante el resto de la semana no se puede repetir. La dinámica de nuestra adoración es una experiencia cotidiana, porque de otro modo no es una verdadera adoración, y no comprendemos quién es Dios realmente.

A medida que crece nuestra comunión con Dios día tras

día, el Espíritu Santo nos revela la realidad de la vida cristiana. Las cualidades de Jesucristo se convierten en las nuestras. Nos vamos convirtiendo en lo que Él es. No estoy hablando de su deidad; hablo de la santidad de su perfección. Jesucristo no murió en la cruz solamente para que un día pudiéramos ir al cielo, que sin duda es nuestra esperanza; su obra es mucho más profunda.

Jesús murió en la cruz, resucitó de los muertos al tercer día, ascendió a los cielos y envió al Espíritu Santo el día de Pentecostés para darnos su carácter y su naturaleza, que deben ser un testimonio al mundo que nos rodea. Nuestro testimonio no dice que hemos limpiado nuestra vida; cualquier religión puede hacer eso. Nuestro testimonio afirma que somos como Cristo, y cuando las personas que nos rodean comiencen a comprendernos también empezarán a experimentar a Jesucristo.

Pero ¿cuáles son esas cualidades de Jesús? Cuando leemos las Escrituras se nos revelan esas facetas de su perfección. Entre esas cualidades se cuentan la santidad, la generosidad, el amor, la bondad, el perdón, el celo, la humildad y la mente puesta en las cosas celestiales. Cuando estudiamos la vida de Jesús empezamos a ver esas cualidades, y a apreciar que forman parte de nuestra experiencia cristiana. Día tras día mi vida se parece más a la de Cristo.

Cuanto más me parezco a Jesucristo, más íntima es mi comunión con Él. Aquellas cosas que hay en mi vida que le son contrarias deben ser crucificadas, expulsadas de mi vida, de modo que avance hacia la plenitud de la perfección espiritual.

A muchas personas les desconcierta la expresión *perfección espiritual*. Se excusan diciendo que nadie es perfecto. Pero sí que hay Alguien perfecto; ese ser perfecto es Jesucristo. Cuando seguimos teniendo comunión con Él cada día, cuando andamos en la perfección de su carácter y de su naturaleza, empezamos a parecernos más y más a Él. Cuanto más nos parecemos a Él, más nuestra comunión con Él adopta la realidad que Jesucristo desea para todos nosotros.

Ahí fuera, en el mundo, no podemos encontrar nada que nos ayude a tener comunión con Dios. Debemos dar la espalda firmemente al mundo, y caminar a la sombra de la cruz. Cueste lo que nos cueste, vale la pena por la comunión que disfrutamos a este lado de la gloria.

Tuyo soy, Jesús
Frances J. Crosby (1820-1915)

Tuyo soy, Jesús, ya tu voz oí,
cual mensaje de tu paz;
y deseo en alas de fe subir
y más cerca estar de ti.

Más cerca, cerca de tu cruz
llévame, oh Salvador;
más cerca, cerca, cerca de tu cruz
do salvaste al pecador.

A seguirte en pos me consagro hoy,
impulsado por tu amor;
y mi espíritu, alma y cuerpo doy,
por servirte, mi Señor.

Del amor divino jamás sabré
la sublime majestad,
hasta que contigo tranquilo esté
en tu gloria celestial.

(Trad. T. Westrup)

Nuestra percepción de la perfección divina

¡Te anhelo, oh Dios, en toda tu perfección! Mi mente no puede comprender las maravillas de tu perfección, y me esfuerzo por entenderte. Lo que mi mente no puede asimilar motiva en mi corazón un asombro y una adoración plenos. Llena mi corazón de ti mismo. Los cielos de los cielos no te pueden contener... ¡cuánto menos esta mente mía! Amén.

El reto al que me enfrento es describir lo indescriptible. Al describir a Dios, que es ilimitado en todos los sentidos, nuestras limitaciones humanas suponen un desafío. Dios demanda el máximo de nuestra inteligencia, nuestra imaginación y nuestro raciocinio, exigiéndonos que imaginemos una forma de existencia con la que no estamos familiarizados, un modo de ser que es totalmente ajeno a nosotros, algo totalmente distinto a lo que hemos conocido en nuestra vida.

Debemos tener en mente una cosa: todo lo que digo sobre Dios no es Dios, porque la teología, incluso en sus mejores momentos, no puede hacer más que hablarnos *sobre* Dios. Saber algo *sobre* Dios y *conocer* a Dios son dos cosas absolutamente distintas. La mayoría de personas confunde saber algo acerca de Dios con conocer a Dios, y esta es, en mi opinión, la raíz de muchos de los problemas que tenemos en la iglesia evangélica contemporánea.

Déjame que te diga que, si algún día conoces a Dios, entrarás a ese conocimiento por el nuevo nacimiento, por la iluminación del Espíritu Santo y por su revelación. Deben darse la revelación y la iluminación. Es necesario que te revelen la verdad, pero hasta que recibas la iluminación sobre esa verdad, no te beneficiará en nada. Solo el Espíritu Santo puede hacernos conocer a Dios. Por eso cuando hablamos del Espíritu Santo no debemos hacerlo como pidiendo disculpas, y nadie debe avergonzarse de predicar sobre el Espíritu Santo ni tener miedo de hablar de Él, pues solamente Él puede darnos a conocer a Dios.

La teología nos puede enseñar acerca de Dios, y de eso trata este libro.

Uno de los problemas de describir a Dios es que nos usamos a nosotros mismos como patrón, proyectándolo a los cielos y diciendo que así es Dios. Por supuesto, Dios es mayor que nosotros. Él es de un tamaño y nosotros de otro, de modo que empezamos a pensar en Dios en función de nuestras limitaciones. Cuando intentamos describir a Dios de esta manera, acabamos teniendo una caricatura de Dios, un Dios que no es digno de nuestra adoración. Son demasiadas las personas que adoran al Dios fruto de su propia imaginación.

Si realmente queremos entender a Dios, debemos verle a la luz de la infinitud. Con esto quiero decir que Dios es infinito en todos sus aspectos. Al hablar sobre la infinitud de Dios me refiero a que Dios no conoce límites, y justo en ese punto es donde nos paramos nosotros. La mente humana puede llegar muy lejos, pero no hasta esa ausencia de límites. Dios es ilimitado, inmensurable y no tiene fin. Esto desafía cualquier definición que se nos pueda ocurrir. En nada de lo que es Dios hay final, y Él no conoce fronteras.

El vasto océano tiene límites, pero Dios no los tiene. Todo lo que es Dios lo es sin límites ni fronteras, y todo lo que Dios tiene, lo tiene sin límite y sin medida. Estas son palabras que solo se pueden aplicar a algo que ha sido creado, y Dios es el Increado.

Cuando queremos describir a Dios, a veces usamos las palabras sin tener mucho cuidado. A menudo decimos que algo es ilimitado. La riqueza de una empresa es ilimitada, un atleta tiene una energía ilimitada, un artista hace esfuerzos sin fin para pintar un cuadro. El peligro de tomar el adjetivo *ilimitado* y meterlo en nuestra esfera es que entonces asociamos a Dios y su infinitud con nuestro concepto de lo ilimitado.

Tomemos, por ejemplo, el término *inmensurable*. Este es un adjetivo que solamente podemos aplicar a Dios. Cada vez que aplicamos algún tipo de medición, tiene que ver con unos seres creados que hablan de sí mismos. Pero no puede aplicarse a Dios.

En nuestra descripción de Dios no podemos usar imperfecciones, porque Dios carece de limitaciones o de imperfecciones de ningún tipo. Dios ocupa una categoría propia. Todo lo que describimos mediante limitaciones es contingente y relativo, mientras que Dios existe por sí solo, es absoluto. Por consiguiente, es un océano ilimitado, y nadie puede ponerle fronteras, sondear su profundidad ni describir hasta qué punto llega en la distancia infinita en todo lo que es.

La palabra *medida* se aplica a las cosas creadas, y nunca se puede asociar a Dios. Tenemos medidas de líquidos, medidas de energía y medidas de sonido. Tenemos medidas para la luz. Decimos que una bombilla tiene determinados vatios, y tenemos números aplicables a la pluralidad: uno, dos, cinco, y algunas decenas. Incluso podemos medir la inteligencia. Medimos nuestro cerebro y nuestra capacidad de hacer las cosas, pero cuando lo hacemos somos imperfectos, pequeños y limitados... no infinitos.

A Dios no se le puede medir ni tampoco pesar, porque no está formado de materia. No podemos medir a Dios usando la distancia, porque Él llena toda distancia. No podemos medir sus dimensiones, porque no tiene extensión en el espacio. No se puede medir la energía de Dios ni el sonido que produce, la luz que emite o cualquier otra faceta en su pluralidad absoluta. Dios es uno; Dios único, te alabamos.

Ninguna de estas palabras o conceptos puede tocar a Dios o definirlo. Solo describen cosas imperfectas que Dios ha hecho, no al propio Dios. Es la manera en que vemos la obra de las manos de Dios. Es la huella de sus manos en la creación.

Fíjate en la obra de las manos divinas y lo comprobarás. Si ves un monte o un hombre, lo que ves son sus dimensiones. El tamaño es algo relativo. Un hombre que pesa cien kilos no es nada comparado con una montaña.

Pero en el caso de Dios no hay tamaños, grados, mediciones ni pluralidades, porque Dios es Dios.

En cierta ocasión, Frederick Faber escribió un himno sobre la infinitud de Dios ("La grandeza de Dios"). Nadie lo canta, pero él lo escribió y lo sacó de lo profundo de su vida. Lo he leído y me ha sido de bendición:

¡Oh, majestad inefable y temible!
Si fueras menos poderoso de lo que eres
serías, ¡oh Señor!, demasiado grande para nuestra mente,
demasiado pequeño para nuestro corazón.

Oigo que la gente dice: "Tenemos un Dios grande". En realidad, no me gusta esa frase, porque no creo que debamos traer a Dios a nuestro nivel. Creo que Dios es demasiado santo, infinito, elevado, maravilloso, glorioso como para pensar en Él incluso en estos términos.

Si Dios solo fuera un Dios grande, sería tan grande que nos asustaría, pero sería demasiado pequeño como para que le adorásemos. Yo no podría alabar a un Dios que fuera nada más que un hombre engrandecido. Ni siquiera podría adorar a un Dios que fuera un gigante. Si Dios no fuera más que un simple gigante, yo podría decir: "Es más grande que yo, pero aquí estoy".

Este gran Dios es infinito, de modo que mi única grandeza es la que me otorga Dios.

Mas la grandeza, infinita, hace espacio
para que en su regazo todo repose;
una magnificencia que no fuera infinita
nos aplastaría sin remedio.

Tenemos parte en lo infinito; es nuestro,
porque nosotros y ello tuyos son;
lo que disfruto, gran Dios, por tu derecho
es más que doblemente mío.

Es así que tu grandeza grandes nos hace;
tu bondad nos hace temer;
tu grandeza nos hace valientes cual niños,
cuando tienen cerca a sus seres queridos.

Frederick Faber (1814-1863)

Dios es infinito y, dado que lo es, tú y yo podemos ser valientes y osados en el universo, de la misma manera que un niño pequeño es valiente cuando su padre está a su lado.

¿Cómo podría permanecer yo si no creyese en el Dios infinito? ¿Cómo podría soportarme si no supiera que Dios es eterno? ¿Cómo podría superar el paso de los años si no supiera que he sido bautizado en el corazón de Aquel que no conoce el paso de los años, el Anciano de días, que no tuvo principio y no puede tener final? ¿Cómo aceptaría mi debilidad si no supiera que he sido bautizado en el corazón de Aquel que tiene una fortaleza infinita? Así que este es nuestro Dios, y es el Dios al que adoramos.

que es sin límites. No conoce grados, no conoce [...] biera un punto en el que no estuviera Dios, signi- [...] no sería realmente quien dice ser.

Los grandes países tienen fronteras, y las grandes riquezas también, pero no hay ningún lugar en que podamos levantar una barrera y decir "Dios, no pases de aquí". Dios habla al mar y le dice: "Llega hasta aquí, no más lejos". Pero, ¿quién puede dirigirse a Dios y decirle: "Llega hasta aquí, pero no pases"? ¿Quién se atreve a decirle a Dios lo que puede o no puede hacer?

Si piensas en un límite es que no piensas en Dios. Pero si piensas, y piensas y proyectas tu pensamiento cada vez más lejos y más arriba, e intentas pensar hasta el punto de Dios y te resulta imposible, no dejes que eso te preocupe. San Agustín tuvo el mismo problema. Lo mismo les pasó a Pablo, David e Isaías. Ningún ser humano puede asimilar la infinitud. Nadie puede imaginarla; debes creer en ella. Debes creerla con tu corazón.

No puedo tomarte de la mano y llevarte al reino de Dios. Solo puedo señalarte al Cordero de Dios, y entonces será una cuestión entre Dios y tú. De la misma manera, no puedo usar ningún medio para describir la infinitud de Dios. Solo puedo señalar, maravillado, asombrado y admirado sobremanera, y decir: "He aquí Dios". Después de todo, es algo entre tú y Dios.

¿Qué significa todo esto para nosotros? Si Dios es infinito, y todos los teólogos lo creen, la Biblia lo enseña y cantamos sobre el tema, ¿qué importancia tiene para nosotros ahora? ¿Es simplemente una lección de teología que algún día examinaremos? No, no lo es. Si esto es cierto, y lo es, entonces determinadas cosas sobre Dios son ciertas.

Si Dios es infinito, su amor es infinito. Hay un amor más cercano que el de una madre, y es el amor de Dios. El amor de una madre llega hasta cierto punto, pero tiene sus límites. Una madre puede morir y su amor morirá con ella, pero Dios no puede morir, y dado que no puede hacerlo su amor nunca muere.

A estas alturas alguien dirá: "¿Es que no murió Jesús y no cantamos 'Cuando murió Cristo, el Creador poderoso, por el pecado del hombre creado'?".

Sí. La segunda persona de la Trinidad adoptó la forma humana y murió por nuestros pecados, pero el Dios eterno siguió vivo y le resucitó de entre los muertos. La deidad nunca murió, pero el hombre llamado Jesús, que era Dios y hombre, murió por nuestros pecados. Esto no es una contradicción. No hay confusión que valga. Dios no puede morir. Dios es el inmortal que solo conoce la inmortalidad, que vive en la luz a la que ningún hombre se puede acercar. De modo que el amor de Dios es infinito. Puedes estar seguro de ello.

El amor de las personas no es infinito. Es terrible enamorarse y al cabo del tiempo dejar de estar enamorado. Siempre me impacta cuando una persona que está pasando por un divorcio dice: "Ya no le amo". En otro tiempo sí, pero ya no. El amor no duró.

A veces oímos hablar de madres que abandonan a sus hijos, de manera que incluso el mejor amor que conoce este mundo puede fallar. El amor de un padre, una madre, una hermana o una esposa tiene sus límites; pero el amor de Dios no tiene ninguno porque Dios es infinito, y todo lo que tiene Dios es ilimitado. Hay una cosa de la que puedes estar seguro: el amor de Dios no conoce límites.

Algunos creen en la salvación de todos los seres del universo. Creen que cuando Cristo murió, lo hizo por todo el mundo, incluyendo el diablo y los demonios. Esto es lo que sostiene el universalismo, con el que no estoy de acuerdo. Pero por lo que respecta al amor de Dios, es lo bastante infinito como para abarcar todo el cielo y el infierno. Dios, en su infinita planificación, decidió que solo fueran salvos quienes se arrepientan y crean.

Pues el amor de Dios es más vasto
que la medida de nuestra mente;
y el corazón del Eterno rebosa
de amor maravilloso.

Frederick W. Faber (1814-1863)

Hace poco estuve orando y pensando en cuán inmensa es la gracia de Dios comparada con nuestro pecado humano. Es una contradicción curiosa. Por ejemplo, si no crees que tu pecado sea grande, el Señor no te puede salvar. Si crees que tu pecado es más grande que Dios, Él no te puede salvar. Tienes que reconocer que, para ti, tu pecado es grande, pero que Dios es infinito y, por consiguiente, es más grande que todo tu pecado. Cuando el pecado abunda, la gracia de Dios sobreabunda. Cuando Dios dice "más" en referencia a sí mismo, debemos expandir nuestra imaginación hasta la infinitud. Cuando Dios dice "mucho más" y coloca un calificativo detrás, ¿qué más puedes hacer sino caer de rodillas y decir: "Señor mío y Dios mío, ¡cuánto más abunda la gracia!"?

Cuando dispones como medicina de algo que no tiene límite para curar una enfermedad que sí lo tiene, puedes estar seguro de que el paciente se recuperará. Cuando la gracia infinita e ilimitada de Dios ataca el límite finito del pecado humano, ese pecado no tiene posibilidades. Si nos arrepentimos y nos apartamos del pecado, Dios lo pulverizará y lo lanzará a la inmensidad, donde jamás podrá volver a encontrarse mientras la eternidad se perpetúa en eternidad.

Esto es lo que sucedió con mi pecado. Esto es lo que pasa con el pecado de todo aquel que cree.

Yo no discuto con el diablo; dejo que Dios se ocupe de él. Dios es el único que puede hacerlo. Pero, de una forma un tanto perversa, me gustaría que el diablo supiera que Jesucristo nuestro Señor es infinito, que su sangre es infinita y el poder de esta también lo es; y si toda la arena de todas las playas y todas las estrellas fueran seres humanos, y si todas las células de la sangre en el torrente sanguíneo de todos los seres humanos de este mundo fueran también personas, y todas hubieran pecado tanto como lo hizo Judas, aun así la gracia de Dios, infinita e ilimitada, no tendría final. Como dijo Nicolaus Ludwig von Zinzendorf:

> Señor, creo que si los pecadores fueran más
> que la arena a la orilla del mar, por todos
> tú has pagado el rescate, comprado
> toda la paz, la vida y el cielo.

Dios podría enviar a un equipo de ángeles que contasen mis pecados y, al cabo de diez años más o menos, los tendrían todos catalogados y dirían: "Aquí está el total", y la lista llenaría toda la habitación. El ángel podría decir: "Está condenado", pero Dios diría: "No, contempla mi gracia. No llena toda la habitación, sino que abarca desde la eternidad pasada hasta la eternidad futura". Cantamos de la gracia infinita de nuestro Dios amante, y que lo hagamos es correcto y está justificado.

Este concepto de la infinitud también se aplica a la expiación, cuando Cristo murió por nosotros.

Cuando Cristo murió en la cruz, eso fue suficiente. Personalmente, me alegro de tener suficiente de alguna cosa. Cuando Jesús murió en la cruz, solo tardó seis horas. No obstante, como era la infinitud la que moría, el hombre que moría allí era la Deidad que no puede morir. Dios tuvo en cuenta la infinitud; por tanto, para Él fue suficiente.

Creo que Jesús murió por todos, y cuando murió en la cruz no solo lo hizo por los elegidos, sino por todos los seres humanos que hubieran nacido en el mundo o que nacerían en el futuro. Creo que murió por todos los bebés que fallecieron al nacer y por todos los hombres y las mujeres que vivieron hasta los cien años o más. Creo que murió por todos.

Podemos ir por todo el mundo diciendo a las personas que Jesucristo murió por ellas.

Ningún hombre que ha vivido ha sido un pecador demasiado grande como para exceder la expiación infinita de Jesucristo. Si cada hombre fuera un pecador tan malo como Judas Iscariote, la expiación de Jesucristo aún le salvaría. Si alguien hubiese hablado con Judas llevándole a arrepentirse, hoy día podría haber un San Judas Iscariote.

Otra descripción que tenemos en este sentido tiene que ver con la paciencia de Jesús, la paciencia infinita de Jesús, la paciencia de Dios, el poder de salvar. Tiene poder infinito para salvar y romper el poder del pecado cancelado. Paul Rader solía decir: "Tú nómbralo, y Dios lo borrará". Tenía mucha razón.

Tu sangre, ¡oh Cristo!, y tu justicia
Nicolaus Ludwig von Zinzendorf (1700-1760)

Tu sangre, ¡oh Cristo!, y tu justicia
mi gloria y hermosura son;
feliz me acerco al Padre eterno,
vestido así de salvación.

Si fueren más los pecadores
que arenas hay en playas mil,
ya padeció Jesús por todos;
a todos llama a su redil.

Seguro estoy que el Hijo amado,
que por mí aboga en gloria allá,
pagó muriendo mi rescate;
la vida eterna diome ya.

Al responder al llamamiento
a estar feliz contigo allí,
habrá de ser mi canto eterno:
"Moriste tú, Jesús, por mí".

(Trad. anónimo)

11

NUESTRA PERCEPCIÓN DE LA GRACIA DIVINA

Padre celestial, nuestros corazones anhelan la plenitud de tu naturaleza. No merecemos estar en tu presencia, pero tú has hecho posible que vengamos confiadamente ante el trono de la gracia. Esta gracia es maravillosa en nosotros. Aunque no pueda comprender del todo tu gracia, sí que puedo beneficiarme de ella hoy. Amén.

Un aspecto comprometido de Dios tiene que ver con su gracia. Si nuestra visión de Dios se ve comprometida, también se desvirtuará toda nuestra comprensión de Dios. Creo que este asunto de la gracia es una de las percepciones más importantes de Dios que se encuadran en esta categoría de malas interpretaciones.

Si no entendemos a Dios, nunca comprenderemos su gracia y su impacto pleno sobre nuestras vidas. Esto se refleja en nuestra himnología. Yo dispongo de una colección de himnarios, y siempre que voy de visita a casa de alguien me gusta hojear sus himnarios. Hace poco consulté un himnario bastante moderno y encontré el himno "Sublime gracia", escrito por John Newton. Siempre que pensamos en la gracia me viene a la mente este himno. Detecté en ese himnario que habían introducido un cambio considerable al himno. No soy muy amigo de quienes intentan alterar un himno con ánimo de satisfacer sus propios gustos.

La primera línea de este himno dice: "Sublime gracia del Señor, que a un infeliz salvó". Esta es la versión conocida de este himno. Sin embargo, en este himnario moderno, actualizado, la primera línea se había modificado y decía: "Sublime gracia del Señor, que a alguien como yo salvó". En mi opinión es un cambio importante.

Algunas personas tienden a no asimilar la idea de que somos, o fuimos en otros tiempos, unos infelices. Es algo que nos cuesta admitir. Estamos dispuestos a decir que no somos perfectos, que no acertamos el blanco o que no somos todo lo que podríamos ser. Pero no estamos listos para decir que no somos más que unos desdichados.

Hasta que lleguemos a comprender plenamente lo infelices que somos, nunca entenderemos la gracia sublime de Dios. Para experimentar la gracia de Dios hace falta un desgraciado como yo. Algunas personas creen que la gracia de Dios le permite tolerar determinados estados que no están a la altura de sus estándares. Tenemos un discernimiento distinto de en qué consiste la gracia.

Nuestros amigos británicos hablan de "Su Graciosa Majestad, la reina". O a veces vemos a un hombre que tiene mucha empatía, que es muy sufrido y generoso, y decimos: "Ahí tenemos a un hombre lleno de gracia".

El problema es que definimos la gracia desde nuestro punto de vista. Creemos que la gracia de Dios consiste en que Él tolera el pecado porque nos ama mucho. Ese es el precio de su amor por nosotros. Sin embargo, eso está lejos de la enseñanza bíblica. La gracia de Dios no es algo que podamos usar para manipular a Dios arrinconándolo e induciéndolo a hacer algo que queremos que haga en contra de su voluntad. A Dios no se le puede manipular.

Cuando analizamos el concepto de la gracia de Dios, no podemos separarlo de sus otros atributos. Dios no deja a un lado un atributo para revestirse de otro. En Dios existe un sentido completo de unicidad. No es como mi reloj, que está compuesto por piezas, y donde todos los componentes se sincronizan y obran juntos en armonía. La gracia de Dios está en conformidad completa con todos los otros atributos de Dios.

Para entender esto debo decir que de la bondad de Dios es de donde nace la gracia. La misericordia, como ya dije antes, es la bondad de Dios que aborda la culpabilidad humana, y la gracia es la bondad de Dios que aborda el demérito humano.

Antes de la caída del hombre en el huerto de Edén, la gracia de Dios no era evidente. No es que no estuviera presente; simplemente, es que no había ninguna circunstancia que sacara a la luz ese aspecto del carácter divino. Una vez el hombre cayó en el pantano del pecado y se contaminó, la gracia de Dios se manifestó como un contraste deslumbrante. Pablo escribe sobre esto en Romanos 5:20: "mas cuando el pecado abundó, sobreabundó la gracia". La gracia, como todos los atributos de Dios, lleva consigo el aspecto de "mucho más".

Dios siempre estuvo lleno de gracia. Nunca ha manifestado menos gracia que la que tiene ahora, y nunca mostrará más de la que tiene en este momento. Pero hasta que el pecado entró en el mundo, la gracia de Dios no fue evidente. Ahora podemos ver este aspecto de Dios, sobre todo en nuestras vidas, cuando nos damos cuenta de lo desdichados que somos comparados con la santidad de Dios.

Permíteme compartir algunos datos sobre la gracia que deberían animar nuestros corazones.

Primero, la gracia nos proporciona la buena voluntad de Dios.

La gracia otorga favor a alguien que antes no gozaba de él. Se trata de la inmutable gracia de Dios, que nunca deja de ser lo que es. A lo largo de las Escrituras, *gracia* y *favor* son palabras intercambiables. Verás que aparece la palabra *favor* y en otros pasajes el término *gracia*. Si consultas el texto en su idioma original, descubrirás que son la misma palabra, pero que, aparentemente por capricho del traductor, se ha vertido como *favor* o *gracia*.

Aunque en el Nuevo Testamento encontramos tres veces más material sobre la gracia que en el Antiguo Testamento, en el Antiguo Testamento hallamos cuatro veces más gracia que en el Nuevo. Es prácticamente imposible separar la gracia de Dios del Antiguo o del Nuevo Testamento. Está presente en todo lo que tiene que ver con la interacción de Dios con la humanidad.

El segundo dato sobre la gracia es que Cristo es el único canal por el que fluye la gracia.

Las Escrituras declaran manifiestamente: "Pues la ley por medio de Moisés fue dada, pero la gracia y la verdad vinieron por medio de Jesucristo" (Jn. 1:17). Aquí debemos tener precaución para no leer esto mal y vernos atascados en la ciénaga espantosa de la mala interpretación. Algunas personas han pensado que esto significa que, como dice que la ley fue dada por Moisés y la gracia vino por medio de Jesucristo, Moisés solo conoció la ley y Cristo solo conoce la gracia.

Esto supone malinterpretar por completo la gracia. En tiempos de Moisés había gracia, y en la época de Cristo estaba la ley. La Biblia declara que Cristo vino, nacido de mujer, nacido bajo la ley. En el Antiguo Testamento dice que Noé halló gracia a los ojos del Señor. La gracia operó después de que Dios diera los Diez Mandamientos, y asimismo antes de que los diese. La gracia estaba operativa en el sexto capítulo de Génesis, y lo ha estado desde entonces. La gracia de Dios no oscila como la marea; es un flujo constante.

¿Cómo podría ser de otro modo? Dios debe actuar siempre como Él mismo, y nunca puede contradecir ninguno de sus atributos.

Cuando las Escrituras dicen que la ley fue dada por Moisés,

y la gracia y la verdad vinieron por medio de Jesucristo, no quiere decir que vinieron cuando Jesús nació en Belén, porque la Biblia dice mucho sobre la gracia antes del nacimiento de Jesús. Si el bebé Jesús, y Jesucristo y el Cordero que murió y resucitó hubieran introducido la gracia en este mundo, no habría habido gracia antes de que el hijo de María naciese en el pesebre de Belén. La gracia estuvo activa desde los primeros tiempos, y fue lo que impidió que Dios matase a Adán y a Eva cuando pecaron. Noé halló gracia ante los ojos de Dios, y fue la gracia la que salvó a las ocho personas del Diluvio. La gracia fue desde el principio, a través de todos los siglos. La gracia no tuvo principio ni tendrá final.

De modo que la gracia vino por Jesucristo, pero no llegó cuando Cristo nació en Belén. La gracia había estado en Jesucristo desde el principio del mundo. Cristo fue inmolado desde antes de la fundación del mundo, como las Escrituras nos dicen, antes de que el mundo fuera colocado en su órbita y el ser humano lo poblase. La gracia había estado en Jesucristo y siempre ha sido así.

La gracia no pudo venir por medio de Moisés porque él era pecador. La gracia no pudo venir por Abraham, porque era pecador. La gracia no pudo venir por medio de David, porque era pecador, un pecador feliz y cantor, pero pecador a pesar de todo, y necesitaba la gracia de Dios. Dios no pudo enviar la gracia por medio de ninguno de ellos. La gracia no pudo llegar por medio de Pablo. A veces la gente convierte a Pablo en un dios o un semidiós. Él sería la última persona del mundo en permitirlo, y objetaba cada vez que salía el tema. La gracia viene por Jesucristo, siempre ha sido así y siempre lo será, y nunca hay gracia que no venga mediada por Jesucristo.

También debo incluir en este punto lo que denomino "gracia gubernamental".

Esta es la gracia que impide que Dios destruya a los hombres y a las mujeres pecadores cuando se jactan. El hecho de que los pecadores se puedan jactar de su pecado y seguir cometiéndolo es una demostración de la gracia de Dios. Si la gracia de Dios no funcionase, ese hombre o esa mujer caerían fulminados de inmediato. La gracia de Dios le impidió matar a los terribles y brutales dictadores de todos los tiempos, que fueron responsables de la muerte de millones de personas. A veces no pensamos en la gracia de esta manera.

Si Dios no actuase movido por esta gracia gubernamental, muy pocas personas estarían vivas hoy día. Esta gracia salva de la destrucción a países como Estados Unidos. En este sentido, la gracia es para todos, y todos se benefician de la gracia de Dios. Esto es una demostración del buen favor de Dios, de su amor, su bondad, su paciencia. Quiero señalar de inmediato que esta no es la gracia que salva. Esta gracia impide que Dios destruya al pecador.

Por supuesto, también existe la gracia salvadora.

La gracia salvadora es otro asunto, es una cuestión más estrecha, y solo la recibimos por medio de Jesucristo. La gracia de Dios le impide destruir a las personas, pero, por otro lado, la gracia salvadora de Dios hace que el mundo pueda tener comunión con Él. Esta es la gracia en la que pensamos, la gracia sublime de Dios que salva a un infeliz como yo.

La gracia también es el amor del corazón divino.

Cuando era joven, solía oír a la gente diciendo de alguien que era un hombre de buen corazón. Bueno, pues Dios es un Dios de buen corazón. Es un Dios de buena voluntad, cordialidad, y siempre es así. Dios es constantemente lo que es, a lo largo de los siglos, sin que ese estado padezca ninguna fluctuación.

Puedes contemplar a Dios desde cualquier ángulo; siempre es el mismo y es el mismo en todo momento, siempre, hacia todas las personas, eternamente. En Dios nunca encontrarás ninguna ruindad, ni resentimiento, ni mala voluntad. Los sentimientos de Dios nunca cambian como los de los hombres. Nosotros un día podemos tener buen corazón y al día siguiente ser maliciosos como el que más. Con Dios no pasa esto.

A lo largo de los años he conocido a muchos buenos cristianos, que irán al cielo mediante la misma gracia que me llevará a él. He comprobado que eran muy buena gente mientras las cosas les iban bien. Parecían agradables y cordiales, y luego me impresionaban por su forma de quejarse. No eran iguales en todo momento. Sentían resentimiento y mala voluntad, pero en Dios no hay nada de esto.

Dios no alberga mala voluntad hacia ninguna persona de este universo. Usando una expresión que solemos utilizar: "nadie pone a Dios de los nervios". Nosotros podemos soportar a una persona solamente un tiempo, pero luego nos pone nerviosos. Esto no forma parte del carácter de Dios, en absoluto.

De la misma manera que la santidad de Dios exige que el cielo esté libre de toda iniquidad, los inicuos no reciben el favor divino por medio de Jesucristo. Deben ser expulsados porque no se les puede permitir que contaminen el cielo con su presencia impía. Dios nunca permitirá que nadie insulte su santidad, y la gracia de Dios es aplicable a toda circunstancia.

Un dato final sobre la gracia de Dios es que es infinita. Todo lo que Dios es y tiene es infinito. *Infinito* significa "sin límites, sin final". Esto nos resulta difícil de entender a los que estamos tan limitados en lo que hacemos. Dios no tiene principio ni fin, y en Él no hay nada que haya sido creado. Nosotros, que hemos sido creados, no podemos asimilar plenamente la naturaleza de lo increado.

Creo en la infinitud de Dios, y que en Él no hay ningún tipo de frontera. Para el ser humano es sencillo salir al espacio, flotar en torno a la tierra y volver a ella a bordo de un cohete. Es una maravillosa hazaña de la ingeniería, y si uno la consigue y vive semejante aventura esto indica que ha hecho un gran trabajo. Pero no afecta a mi creencia en el gran Dios Todopoderoso. Podemos subirnos a ese pequeño cohete, viajar en él hasta que las estrellas se apaguen y aun así no habremos alcanzado los límites del Dios Todopoderoso. Dios contiene todo el espacio, toda la materia y todo lo creado.

La Biblia dice que Dios está sentado sobre el círculo de la tierra: "Él está sentado sobre el círculo de la tierra, cuyos moradores son como langostas; él extiende los cielos como una cortina, los despliega como una tienda para morar" (Is. 40:22). Toda la creación no es más que polvo en la balanza, nada ante Dios.

Simplemente, prueba a comparar la gracia de Dios con nuestras necesidades. Da lo mismo cuál sea nuestra necesidad: no está a la altura de la sorprendente gracia de Dios. Dios siempre ha sido un Dios de gracia, pero hasta que el pecado entró en el mundo esta no se manifestó y nadie la conocía.

Cuando meditamos en la gracia de Dios nos vemos afectados por la aplastante plenitud de la bondad y del amor divinos. Si todos los mosquitos que viven en las ciénagas del mundo fueran pecadores, si cada estrella en el cielo fuera un pecador y cada grano de arena a la orilla del mar también lo fuera, la gracia de Dios podría abarcarlos a todos sin esfuerzo alguno, porque donde el pecado abunda, la gracia sobreabunda con creces.

Desde un punto de vista filosófico, teológico, práctico y experiencial, creo en la gracia de Dios. Mi vida es un testimonio de la gracia sublime de Dios. La bondad y la fidelidad de Dios se demuestran en la vida de todo el mundo. Cuanto peor seas, más brillará el favor que Dios derrama en tu vida.

Sublime gracia
John Newton (1725-1807)

Sublime gracia del Señor
que a un infeliz salvó;
fui ciego mas hoy veo yo,
perdido y Él me amó.

En los peligros o aflicción
que yo he tenido aquí,
su gracia siempre me libró
y me guiará feliz.

Su gracia me enseñó a temer,
mis dudas ahuyentó.
¡Oh, cuán precioso fue a mi ser
cuando Él me transformó!

Y cuando en Sión por siglos mil
brillando esté cual sol,
yo cantaré por siempre allí
su amor que me salvó.

(Trad. desconocido)

Nuestra percepción de la misericordia divina

¡Oh Señor!, tú sabes que no somos dignos de venir ante tu presencia, ante el misterio que maravilla incluso a los ángeles. No nos trates conforme a nuestros merecimientos, sino conforme a tu misericordia infinita, por el Espíritu Santo, por amor a Cristo. Amén.

Las Escrituras contienen muchos pasajes que enuncian la verdad de que Dios es un Dios de misericordia. La misericordia es algo que es Dios; es una faceta de su ser unitario. Como un diamante que tiene muchas facetas, Dios posee muchos atributos diferentes. Dios es uno, y una faceta del carácter de Dios es la misericordia.

Tanto el Antiguo como el Nuevo Testamento declaran la misericordia de Dios. A veces pensamos que en el Nuevo Testamento se aprecia más la misericordia divina. Lo curioso es que el Antiguo Testamento tiene como cuatro veces más que decir sobre la misericordia que el Nuevo Testamento; es decir, resulta curioso si lo comparamos con un error, que es lo que nos han enseñado la mayor parte de nuestras vidas. Se nos ha enseñado que el Antiguo Testamento es un libro de juicio, y el Nuevo Testamento un libro de gracia. El Antiguo Testamento es un libro de juicio, y el Nuevo Testamento es un libro de misericordia. Si el Dios del Antiguo Testamento es un Dios de trueno y de juicio, en el Nuevo Testamento es un Dios de mansedumbre y de misericordia. Pero lo cierto es que Dios es misericordioso, y su misericordia es perfecta. Su misericordia es infinitamente perfecta.

Es imposible separar el Antiguo Testamento del Nuevo. Para comprender la Palabra de Dios hace falta toda la Biblia. Intentar disociar una parte de la Biblia de otra supone perjudicar seriamente la Palabra de Dios. Intentar separar la ley de la gracia es algo muy peligroso, y normalmente conduce a la herejía. No puede haber ley sin gracia, ni gracia sin ley.

La bondad infinita de Dios se manifiesta en que Él desea la felicidad de sus criaturas. Este deseo de Dios, que siente el impulso irresistible de impartir bendición, no se complace en la muerte de los malvados, sino en el placer de su pueblo. Dios sufre junto a sus amigos y se lamenta por sus enemigos. Lo que llamamos misericordia divina es lo que mira con compasión a los hombres y mujeres que merecen el juicio.

Según el sentido que le da el Antiguo Testamento, la misericordia significa mostrarse amable con alguien inferior. Conlleva sentir piedad de otro y mostrarse compasivo activamente. Uso deliberadamente las palabras *activo* y *activamente*, porque no me gustan los términos *pasivo* y *pasividad* y diversas formas de la palabra *pasivo*. La misericordia de Dios no es pasiva, sino activa. Dios es compasivo, pero es activamente compasivo.

Que nos lamentemos por los pecados del mundo no le ayudará gran cosa. Dios no es ese tipo de Dios. Su misericordia es activa, no pasiva. Tiene piedad por la humanidad, pero es una piedad activa. Se inclina con amor hacia quienes son inferiores.

Debemos tener cuidado y entender que ninguno de los atributos divinos nace de la necesidad del hombre. Todos los atributos de Dios revelan por sí solos su carácter. El hombre, por otro lado, se beneficia de estos atributos, y el gran reto de nuestras vidas consiste en entrar en contacto con ellos. La única manera en la que podamos hacerlo es mediante Jesucristo.

Déjame que te diga algunas verdades sobre la misericordia de Dios.

Lo primero de todo, la misericordia de Dios nunca tuvo un principio.

Si fueses al río Mississippi, verías un río tan ancho que no lo podrías cruzar sin subirte a una barca y remar. Si quisieras encontrar su fuente, tendrías que seguir remando hacia el norte hasta llegar a un punto en que el río se convirtiese en arroyo, un cauce por encima del cual puedes tirar una piedra hasta el otro lado, que una vaca puede vadear y donde bebe agua; es un lugar en el norte de Minnesota. El río Mississippi tiene su origen allí. El Mississippi, ese río grande y ancho, tiene una fuente.

Nunca debemos pensar que la misericordia de Dios es como ese río, que tiene un origen en un punto desde el cual fluye. Nunca *empezó a ser*, porque es un atributo del Dios increado y por consiguiente siempre existió, y nunca ha sido más ni menos de lo que es ahora.

A veces pensamos que en determinado momento, en el pasado lejano, Dios manifestó una misericordia impresionante. Caminó en el huerto con Adán. Caminó con Enoc, y luego Enoc desapareció porque Dios se lo llevó. Cuando leemos los relatos bíblicos sobre la misericordia de Dios, decimos: "Seguramente Dios era maravillosamente misericordioso en aquel entonces, pero eso fue antes de que existieran las cámaras de gas y todas las brutalidades y desgracias que padecemos hoy en día. Dios ya no es tan misericordioso".

Decir esto supone insultar a Dios. Al ser infinitamente misericordioso, Dios nunca puede ser más misericordioso de lo que es ahora, y en el pasado tampoco lo fue. El Dios que ordenó a Noé que construyese el arca y salvara a la raza humana es el mismo Dios con el que tenemos que tratar hoy.

Dios nunca será menos misericordioso de lo que es ahora,

porque al ser infinito no puede dejar de ser eterno, y al ser perfecto, no puede tener imperfección alguna. De modo que la misericordia de Dios es lo que es Dios, porque Dios es quien es. La misericordia de Dios no puede verse afectada por nada de lo que haga nadie.

Son muchos los predicadores y los evangelistas que cuentan historias lacrimógenas, pretendiendo que el arroyo de la misericordia fluya de los ojos humanos, pensando que si lloramos y rogamos, Dios tendrá misericordia de nosotros. Dios tendrá misericordia de ti aunque tu corazón sea duro como una piedra. Aunque jamás en tu vida llorases por tu iniquidad, Dios seguiría siendo misericordioso. No puede ser otra cosa que misericordioso, y aunque todos los habitantes de este mundo se volvieran ateos, si todas las personas se volvieran bestias, y todos los seres humanos se convirtieran en demonios, esto no alteraría en lo más mínimo la misericordia de Dios. Dios sería tan misericordioso como lo es ahora. Si Cristo muriese mil veces en la cruz, esto no haría que Dios fuera más misericordioso de lo que es ahora, porque Dios es tan misericordioso como puede ser la misericordia. Al ser Dios, nunca será menos misericordioso.

Nada puede aumentar, reducir o alterar la naturaleza de la misericordia divina.

La cruz no aumentó la misericordia de Dios. Recordemos que debemos ser buenos lectores de la Biblia, constantes, y debemos mantener una teología correcta. Recordemos que la misericordia de Dios no empezó en el Calvario. La misericordia de Dios condujo al Calvario. Cristo no murió en la cruz para hacer misericordioso a Dios; Él ya era misericordioso, motivo por el cual murió Cristo. Fue la misericordia de Dios la que llevó a Jesús a venir a este mundo. Y cuando descendió, vino y murió porque Dios ya era todo lo misericordioso que podía ser. Dios es misericordioso y la fuente de toda misericordia, el

Padre de misericordias y el Dios de toda consolación, de modo que nada puede hacerle más misericordioso de lo que siempre ha sido.

No imaginemos equivocadamente que nuestro Señor Jesucristo está delante del trono de un Dios airado, rogando por su pueblo. Sí que ruega y ora delante del Padre e intercede por nosotros, pero el Dios ante quien intercede es tan misericordioso ahora, ni más ni menos, como antes de que su Hijo muriera en la cruz. La cruz no hizo que la misericordia de Dios aumentara de grado, ni hizo más perfecta la cualidad de esa misericordia, ni tampoco su cantidad. La intercesión de Cristo tampoco lo vuelve más misericordioso.

Fíjate que la misericordia de Dios funciona de una manera determinada.

Siempre que hay desigualdad, siempre que se produce una inmoralidad del tipo que sea, la justicia de Dios hace algo al respecto. Lo que no es moral es inmoral. Solo tenemos un pecado, y a eso lo llamamos inmoralidad. Todo pecado es inmoralidad porque no es moral. Los celos, así como esa expresión despreciativa frente a alguien, son inmoralidad. Ese recorte en la declaración de tu dinero al Estado es inmoralidad. Perder los estribos y gritarle a tu esposo es inmoralidad. Todo lo que hacemos mal es inmoralidad. Es todo aquello que sea desigual, injusto; todo lo que no es justo, cabal y correcto.

El juicio llega cuando Dios aborda la desigualdad moral, mientras que la misericordia es cuando Dios aborda la culpa y el sufrimiento humanos.

Todos somos receptores de la misericordia divina. Pensamos que no es así, pero lo somos. No hay un solo ateo en este mundo que ahora mismo no reciba la misericordia de Dios. Tenemos tantas cosas, y vivimos de tal modo que si la justicia pudiera actuar sin restricciones, sin misericordia, Dios haría caer fuego desde el Río Grande hasta la bahía de Hudson. Todos los hombres y mujeres son receptores de la misericordia de Dios, porque todos pecaron y están destituidos de la gloria de Dios, y la misericordia pospone la ejecución, porque Dios no desea que nadie muera, sino que todos lleguen al arrepentimiento.

Hemos de destacar un elemento que distingue a los cristianos de todas las otras personas y religiones del mundo: cuando la justicia percibe la iniquidad, la misericordia puede cancelarla o perdonarla. La muerte es la sentencia definitiva, pero la misericordia llevó a Cristo a la cruz. La justicia y la misericordia ven justicia en lugar de iniquidad, y cuando el Dios justo contempla a un pecador que ha sido cubierto por los méritos expiatorios de la sangre de Jesús, ya no ve a un pecador, sino a un individuo justificado. Esta es la doctrina de la justificación por la fe, el fundamento mismo de la redención y una de las piedras angulares de la iglesia actual.

Cuando lo contemplamos desde este punto de vista, nos preguntamos una cosa: dado que Dios es perfecto, existe en sí mismo y es autosuficiente, ¿cómo es posible que sufra? Porque Dios sufre. Envió a su Hijo a sufrir, de modo que solo puedo parafrasear las palabras de Frederick Faber: "Oh mi Dios, que puedas padecer y ser el Dios que eres, es tinieblas para mi intelecto, pero la luz del sol para mi corazón".

Sé que la justicia *me* sentenció a esto. El alma que peque morirá, y sé que yo debería morir y que el infierno debería devorarme. Pero también sé que Cristo murió en la cruz por mis pecados. Él acudió allí y, en las tinieblas, hizo algo que yo desconozco. Tengo miedo del hombre que pretende saber demasiado sobre la expiación. Temo al hombre que puede explicarla demasiado bien, porque sin duda fue el misterio de la santidad. No cabe duda de que Dios nunca puede entrar en la mente del hombre o que esta no lo podrá comprender del todo. Sin duda que lo que Dios hizo aquel día terrible y oscuro, cuando el mundo se oscureció como mil noches en las ciénagas eternas, es algo que no podemos explicar ni comprender intelectualmente.

Pedro, que reflexionó sobre esto tanto como tú y como yo, vivió con Jesús tres años y le vio ir a la cruz y morir en ella, y le vio después de que resucitara de los muertos, y dijo, usando unas palabras curiosas: "cosas en las cuales anhelan mirar los ángeles". Los mismísimos ángeles que viven en el cielo desean conocer tales cosas. No sé mucho de esa expiación. No sé lo que Él hizo, pero sé que fuera lo que fuese satisfizo el corazón de Dios para siempre. Sé que lo que hiciera Cristo convirtió mi iniquidad en justicia, mi desigualdad en igualdad, y la sentencia de muerte en un juicio para vida. Sé que hizo esto, de modo que solo puedo ponerme ante su presencia y decir: "Cómo puedes padecer, ¡oh mi Dios!, y ser el Dios que eres, es tinieblas para mi intelecto, pero la luz del sol para mi corazón".

No le preguntes a tu mente sobre estas cosas. Si no eres capaz de reflexionar sobre ello, arrodíllate y di: "Tú lo sabes, Señor mío y Dios mío". Quizá en algún momento, en ese mañana brillante, con unos ojos más penetrantes y una visión más iluminada, contemplaremos la maravilla de la expiación y sabremos lo que significa. Ni todos los teólogos que han vivido podrían explicar esto. Solo pueden ponerse en presencia de Dios y decir que se entregó a sí mismo, el justo por los injustos, para llevarnos a Dios.

No entiendo el misterio que esto encierra. Conozco el gozo y la luz del sol de sus efectos sobre mi persona y sobre aquellos que conocen a Dios.

La misericordia de Dios es, para mí, una doctrina moral y teológica. La misericordia de Dios es mi vida y mi aliento. ¡Oh, la misericordia de Dios, que sostiene que Dios es compasivo, que condesciende a tener piedad y misericordia por su pueblo! ¡Qué accesible es la misericordia de Dios, qué accesible y lleno de misericordia es Dios, y qué cierto es que no se complace en la muerte de nadie, especialmente de los malos! Es el Padre de toda misericordia, y no desea que nadie perezca, sino que todos vengan al arrepentimiento. Este es el mensaje que debemos transmitir al mundo. Este es el testimonio que debemos dar al mundo. Hemos de ir al mundo y decirle quién es Dios realmente.

Debemos acudir al mundo y decirle que Dios es misericordioso y lleno de gracia, lento para la ira y grande en amor, y que envió a su Hijo a morir por sus pecados. Hay una puerta abierta. Es la puerta de la misericordia y para nosotros está abierta de par en par.

La misericordia divina como un océano es
Albert B. Simpson (1843-1919)

La misericordia divina como un océano es,
un mar ilimitado y sin fondo;
zarpa a lo profundo, corta las amarras,
y piérdete en la plenitud de Dios.

Zarpa, zarpa a lo profundo,
que se aleje así la orilla;
zarpa, zarpa en ese océano
donde fluyen las mareas.

Pero muchos, ¡ay!, en la ribera aguardan
contemplando ese mar tan anchuroso;
nunca se han aventurado a explorar sus ondas,
a navegar por sus mareas sin fondo.

Y otros que zarpan de la orilla
se quedan tan cercanos a la costa
que la espuma y el fango de la playa
les salpica y les ensucia para siempre.

Oh, zarpemos en este océano tan ancho,
donde hallemos salvación que todo inunda;
oh, perdámonos en la misericordia divina
hasta conocer lo profundo de su plenitud.

13

Nuestra percepción de la bondad divina

¡Por tu bondad, oh Dios, te has acercado a mí bendiciéndome más allá de lo que puedo comprender! Mi alabanza a ti, oh Dios, llena mi corazón con la expectación de las cosas buenas que recibiré de ti. Te ruego que mi vida sea un testimonio de tu bondad. Amén.

¿Qué tipo de Dios es Dios? ¿Cómo es realmente? Si Dios viniera y se hiciera visible, si estuviera físicamente presente entre nosotros, ¿cómo descubriríamos que es? Es cierto que nunca podremos acudir ante su luz inaccesible y esperar que nuestra inteligencia terrenal le comprenda. Pero, si pudiéramos, ¿qué tipo de Dios descubriríamos que es?

Esta pregunta es una de las más importantes que podamos formularnos, y nuestra respuesta define en realidad quiénes somos. A lo largo de la historia del mundo, ninguna nación ha sido más que su religión, y ninguna religión ha sido nada más que su concepto sobre Dios. La religión es alta o baja, básica o pura, dependiendo del concepto de Dios que tienen los creyentes. La historia del cristianismo demuestra que el cristianismo, en determinado momento, es débil o fuerte dependiendo del concepto de Dios que tengan los creyentes.

La iglesia local es grande, pequeña, poderosa o débil (y no hablo de números, porque puede haber iglesias pequeñas que sean grandes) dependiendo de lo que piensen de Dios. Lo mismo sucede con los cristianos individuales. Si yo pudiera descubrir cómo piensas realmente que es Dios, podría profetizar tu futuro sin mucha dificultad, porque siempre avanzarás en la dirección de tu percepción de Dios.

Lo más importante para nosotros es trabajar sin cesar en nuestra percepción de Dios.

Una de las cosas que creo de Dios es que es bueno, y que de su bondad fluye la misericordia. Dios tiene un corazón de amor y de buena voluntad. En otras palabras, Dios es amoroso y cordial, e incluso podríamos decir que su naturaleza es benévola, que tiene una intención altruista. Dios no es medianamente bueno: su bondad es infinita. No muestra una gracia y una cordialidad pequeñas o grandes: es infinitamente cordial, su gracia carece de fronteras. Todo lo que es Dios lo es completa y entusiásticamente. Dios no es un ingeniero ausente que gestiona su universo con un control remoto. Dios está presente en un anhelo perpetuo, continuo, poniendo por obra sus designios santos con todo el fervor de su amor arrebatado.

Dios, siendo quien es, no puede ser indiferente. Es imposible que Dios sea indiferente. O Dios ama con una energía ilimitada, incesante, u odia con un fuego consumidor. Dios dijo que algunas personas no son frías ni calientes; es decir, que están en un punto intermedio, medio dormidas, tibias, de modo que las escupirá de su boca. Dios nunca puede estar en un punto medio; o ama con una energía de amor infinita, ilimitada, inconmensurable y entusiasta, o bien odia con el fuego implacable de la ira santa.

Al pensar en esto, déjame que te diga que nadie tiene derecho a decir que Dios está obligado a hacer algo por alguien. Dios no tiene obligación de hacer nada por nadie. Cuando pensamos en la creación del mundo, vemos que Dios, motivado por su propia bondad, quiso que el mundo existiera. El Dios bueno, entusiasta, amante, deseó crearlo todo y a todos, hacer los cielos y la tierra, y colgar las estrellas en su lugar. Quiso hacerlo. Lo hizo movido por su propia bondad. No le debía nada a nadie. No lo hizo para perfeccionarse, porque ya de entrada Él era perfecto; y no podemos decir que Dios empezó a ser bueno, porque cuando usamos este verbo le convertimos en una criatura. Dios es increado, atemporal y contiene el tiempo en su corazón.

Permite que te haga una pregunta: ¿Por qué no somos destruidos cuando pecamos? Podrás escribir todos los libros que quieras sobre este tema, pero te puedo responder con una sola frase: porque Dios, en su bondad, quiso librarnos de la muerte, y esta es la única respuesta. Si pagas a alguien para que dé diez conferencias, cada una de ellas de una hora, sobre el motivo por el que Dios no destruyó a la humanidad, no podrá decirte nada más que esto. Dios nos libró de la muerte y no nos envió inmediatamente al infierno porque, en su bondad, tuvo el deseo de preservar nuestra vida.

Además, ¿por qué sufrió y murió en agonía cuando no tenía por qué hacerlo? La respuesta es su bondad. Nos amó y, motivado por su misericordia y su bondad, murió por nosotros.

¿Por qué responde Dios a las oraciones? Por su bondad. ¿Por qué perdona Dios los pecados? Por su bondad. Se debe a que Dios tiene un corazón amante, lleno de gracia y de intenciones benevolentes, con todo el entusiasmo de un Dios infinitamente poderoso. Por eso nos escucha y nos perdona.

Entender esto significa que no puedes presentarte ante Dios y defender tus puntos fuertes, porque no los tienes. No puedes plantarte ante Dios y decir: "¡Oh Dios, por favor, bendícenos por esto y por lo otro!", y pensar que Dios te hará caso. No puedes convencer a Dios de que haga algo que sería contrario a su naturaleza; tus argumentos no sirven. Si sabemos que Dios lo hace todo por su bondad, veremos que es alguien muy accesible, y le descubriremos maravillosamente cerca. Por su bondad, Dios ha provisto medios para ayudarnos, y todos esos medios son el resultado de su bondad.

Si eres bautizado, no es el agua la que te ha beneficiado en nada. Dios, por su bondad, estipuló que si te bautizas obedeces su Palabra, y te bendecirá por tu obediencia. Lo mismo pasa con todo.

"Oh Dios", dice el salmista, "ten misericordia de mí, y oye mi oración". Que Dios escuche mi oración es un acto de misericordia, aunque sea la oración más santa que haya pronunciado en mi vida. Nadie podría alcanzar a Dios si Él, por su bondad, no hubiera deseado que pudiéramos hacerlo. Creo que podemos ahorrar muchos esfuerzos a la gente si entienden esta verdad sobre Dios. Creo que nuestra oración mejoraría y sería eficaz si entendiéramos que el único derecho que tenemos es algo que yo personalmente no tengo. Es la bondad de Dios. Y, por supuesto, la bondad de Dios hacia nosotros fue posible gracias a su expiación.

Jesucristo es el hombre más amante que jamás haya vivido en este mundo, y Dios es el Dios más amoroso. Jesús fue Dios y hombre. El amor de Dios, su mente y su corazón son más grandes de lo que puedas imaginar. Si pudieras concentrarte en el adjetivo *amoroso* durante cien años, no llegarías a entender lo amoroso que es Dios. Es tan sublime que los arcángeles se cubren el rostro delante de Él, pero es tan cariñoso y su naturaleza es tan bondadosa que acariciaba la cabeza de los niños pequeños, perdonó a una prostituta en las calles y tuvo misericordia con Israel, con la Iglesia y con todos nosotros. Todo fluye de la bondad y la misericordia de Dios.

Otra verdad importante que debemos comprender es que a Dios no le repugna nuestra condición. Dios no se arrepiente de nada de lo que ha hecho. A Dios no le repele nada de lo que somos o de lo que hayamos hecho. Cuando Dios lo creó todo, lo calificó de bueno. Todo el pecado del universo entero nunca podría contradecir lo que Dios ha establecido y ha sentenciado: que es bueno.

Yo no siempre he sido un hombre amable. A veces he hablado mal a otras personas, y es posible que las haya ofendido, pero Dios no es así, en absoluto. Yo nunca podría haber sido enfermero, porque las cosas sucias me revuelven el estómago. A Dios nunca se le ha revuelto el estómago por nada de lo que creó, ni le ha repugnado ni siquiera la cosa más pequeña. En tu cuerpo o en tu alma no hay nada que aleje a Dios de ti. A Dios nunca le repugnas ni le disgustas, por muy pecador, impuro o extraño que seas; nunca se aleja de ti, porque Dios es bueno.

De la bondad de Dios fluye su misericordia. De nuevo, permíteme que te diga que la misericordia es un atributo de Dios; no es algo que Dios tiene, sino algo que Dios es. Si la misericordia fuese algo que tuviera Dios, podría usarla u olvidársela en algún lugar, pero la misericordia es lo que Dios es. Si alguien te pregunta qué tipo de Dios es tu Dios, responde: "Nuestro Dios es bueno". Y si pide "Dime más", di "Nuestro Dios es misericordioso". No solo tiene misericordia, sino que es misericordia. Esto es algo que es Dios, y es tan eterno como Él.

La bondad de Dios es una fuente de misericordia, y la bondad de Dios es infinita; es decir, desea la felicidad de sus criaturas. Dios desea que estés alegre. Te permitirá sufrir siempre que ese padecimiento te santifique, porque Él quiere que seas santo. El problema es que intentamos ser felices ya mismo, después del sufrimiento, mientras que Dios quiere que seamos santos para que nuestra felicidad perdure. La felicidad impía no perdura; surge como una flor y muere al día siguiente. De modo que Dios nos hace pasar por muchos fuegos y muchas pruebas, y para Él no es tan importante que seamos felices ahora. Él piensa en nuestro gozo eterno. Esto forma parte de la bondad y de la misericordia de Dios.

Dios siente el deseo irrefrenable de bendecir a las personas. Quiere bendecirte a ti, a tu familia, tu trabajo y a tu iglesia.

Dios se complace en el placer de su pueblo. Padece junto a sus amigos, y no se complace en el sufrimiento de sus enemigos.

Algunos de los monjes de la antigüedad solían darse latigazos en la espalda y dormir sobre colchones de clavos, pensando que así podrían inducir a Dios a ser más misericordioso. No hay nada que puedas hacer para aumentar la misericordia de Dios. La misericordia de Dios es tan grande como Él, y Dios llena todo espacio y desborda el universo, de manera que no puedes añadir nada a su gracia y a su misericordia. Tu persuasión no puede añadir nada a la misericordia de Dios. No tienes que acudir a Dios y justificar tu caso, o alzar las manos al cielo y decir: "¡Dios, sé misericordioso conmigo!". Dios tendrá misericordia de ti porque Dios es misericordioso. Así es Dios. Así es como podemos esperar que sea en todo momento; no algunas veces, sino siempre.

Dios es siempre el mismo ser bueno y misericordioso, sin cambio alguno. Si Dios pudiera ser menos que Él mismo y ser imperfecto, no sería Dios. Para ser Dios y no dejar de serlo, tiene que permanecer como es para siempre, y uno de sus atributos es la misericordia. Puedes estar seguro de que nunca encontrarás a Dios de mal humor. Nunca te encontrarás con un Dios que te diga: "Hoy no pienso ser agradable. No voy a bendecirlos".

Nada de lo que pasa o puede pasar aumentará jamás la misericordia de Dios, la reducirá o alterará su calidad. William Shakespeare escribió:

La calidad de la misericordia nunca se altera.
Desciende como la lluvia amable de los cielos
Sobre la tierra. Es dos veces bendita:
Bendice al que la da y a quien la recibe.

Algunas personas creen que cuando Jesús vino y nació en un pesebre, y los ángeles cantaron, Dios se hizo misericordioso. Pero fue la misericordia de Dios la que envió a Jesús al pesebre de Belén.

Otros dirán: "Cuando Jesús murió en la cruz, Dios se hizo

misericordioso". ¡No, y mil veces no! Jesús murió en la cruz porque Dios ya era misericordioso, y nada de lo que hizo Jesús cuando vino al mundo hizo que Dios fuera más misericordioso de lo que era antes. Lo que le hizo venir al mundo fue la misericordia de Dios y su bondad, y cuando Jesús resucitó de los muertos y ascendió a la diestra de Dios, el Padre Todopoderoso no se volvió más misericordioso de lo que era antes. Dios siempre fue amable y amante.

El mismo Dios que es misericordioso es también justo y santo, y la santidad no puede tener ninguna comunión con la impiedad. Cuando la justicia detecta la iniquidad humana exige un juicio, pero cuando la misericordia encuentra la culpa y el sufrimiento humanos quiere mostrarse como es y puede hacerlo, porque Cristo murió. Cristo vino, murió, resucitó y vive para que la misericordia fluya como un río. La cruz es el canal que usó Dios. La muerte y la resurrección de Jesucristo son la vía por la que fluye la misericordia. Es la dirección que esta adopta, de modo que lo único que tiene que hacer el pobre pecador es entrar en el marco que le ofrece la cruz y creer en su Hijo. Da la espalda a la iniquidad y descubrirás que la misericordia de Dios borrará tu culpa y tu sufrimiento y dictaminará que estás limpio.

Todos nosotros somos receptores de la misericordia de Dios.

La misericordia no puede borrar ningún pecado hasta que haya habido una expiación por el mismo, pero esa expiación ya se ha producido. Jesucristo murió y lo que hizo fue totalmente suficiente. No tienes que saber todo de la expiación. Lo único que debes saber es que Jesucristo vino a morir por ti y, gracias a lo que hizo, la misericordia puede fluir hasta ti como un río.

Cuando murió, Jesús padeció durante mucho tiempo. Lo diré una vez más: no entiendo cómo el Dios perfecto pudo sufrir. Pero sí que puedo inclinar mi cabeza y decir: "¡Oh Señor, tú lo sabes!".

¿Sangró por mí mi Salvador?
Isaac Watts (1674-1748)

¿Sangró por mí mi Salvador,
murió mi Soberano?
¿Su noble cabeza inclinó
por pecadores como yo?

¿Fue por delitos que cometí
por lo que gimió en el madero?
¡Piedad tremenda! ¡Gracia sin par!
¡Y amor sin restricción!

Bien pudo el sol en oscuridad
sus glorias esconder,
cuando Dios, el Hacedor,
murió por su creación

Inclinaré mi rostro avergonzado
frente a su amada cruz;
derrite mi alma en gratitud,
mis ojos en raudales.

Mas no podrán las lágrimas pagar
la deuda de amor que tengo.
Señor, a ti me entrego:
no puedo hacer ya más.

… 14 …

Una percepción elevada y santa de Dios

Tuyas, ¡oh Señor!, son la hermosura, la gloria, la victoria y la majestad. Todo lo que hay en el cielo y en la tierra es tuyo. Tuyo es el reino, ¡oh Señor! Mire donde mire, veo la huella de tus manos, y mi corazón entona tu alabanza. Amén.

Aunque es posible que no deseen hacerlo, los teólogos a veces ocultan la verdad detrás de palabras largas y espantan a las personas. Tengo un consejo: tú eres capaz de comprender lo mismo que cualquier teólogo. No permitas que te engañen.

Es posible que un médico escriba su receta en latín, dejando al laico boquiabierto, haciéndole sentir, al ver aquellas palabras en latín, que se encuentra ante algo difícil, aunque no sabe ni leerlas. Los teólogos hacen lo mismo. Hablan de la trascendencia de Dios y todo el mundo sale corriendo a comprarse una novela, diciendo: "Voy a leer cosas que sí pueda entender".

Podemos entender la teología tal como se nos expone en la Biblia. Podemos comprender lo que Dios dice en la Biblia sobre sí mismo, aunque nunca podamos sondear las profundidades que supondría entenderlo intelectualmente.

Tomemos, por ejemplo, la trascendencia divina. Esto significa que Dios está en lo alto, en un lugar elevado por encima de todas las cosas. Supuestamente, esto contradice su inmanencia, que significa que Dios está en todas partes y también aquí. La omnipresencia de Dios te consolará mejor que tu propio aliento.

Confortará tu alma. Dios escucha tus propios pensamientos tan bien como escucha tu grito más potente, porque Dios está tan cerca de ti como tu propia respiración, tan cerca de ti como tu sangre, como tus nervios, como tus pensamientos y tu alma.

Dios está tan alto que ni siquiera podemos concebirlo. Ahora tengo que explicar qué quiero decir con "en lo alto" o "por encima de todo". No quiero decir que Dios esté distante, porque a Dios no le importa en absoluto la distancia. Dios no está en lo alto en un sentido astronómico; no está en lo alto en el sentido de que es un rayo de luz más allá de Marte.

Es importante que pensemos que Dios actúa conforme a su verdadero carácter, tan infinitamente más allá de todo lo que tú y yo conocemos que no lo podemos explicar. La magnitud física no significa nada para Dios. Nunca supongas que Dios ocupa la cúspide de la curva ascendente de la vida. Esto es un gran error. Según el círculo de la vida de algunas personas, estas parten de una criatura y luego suben un poco por la escala hasta las aves, y luego siguen subiendo hasta los animales y, al final, llegan al ser humano. Luego piensan que van de camino hacia los arcángeles y después los querubines de fuego y, al final de ese círculo de la vida, se encuentra Dios. Esta no es manera de pensar en Dios.

¿Te sorprendería saber que Dios está tan por encima de los arcángeles como lo está por encima de una oruga? El abismo que separa al arcángel de la oruga tiene una profundidad definida. ¡Qué rápido pensamos que el ángel tiene un grado de vida muy superior al de la oruga que se arrastra por el suelo! Son parecidos en el sentido de que ambos son criaturas. Hubo un momento en que no existieron, y ahora sí. El arcángel, con sus amplias alas extendidas, y la diminuta oruga que camina despacio son criaturas de Dios.

Pero Dios no es una criatura. No pertenece a la categoría de criaturas. Debemos pensar que Dios es un ser separado de todo lo creado, por encima de ello, trascendente y distinto. Es Dios, y en todo el universo no hay nada como Él. Solo Dios es Dios.

Cuando pensamos que Dios está muy por encima de todo, la sustancia de Dios está totalmente por encima, y Dios nunca puede salir de sí mismo y dejar de ser Dios. Nada de lo que no sea Dios podrá jamás entrar en su sustancia y convertirse en la Deidad. La idea de que Jesús fue un hombre que se convirtió en Dios es errónea. Jesús era Dios y hombre unidos en un ser. Nunca ha habido nada parecido a un hombre que se convirtiera en Dios, y nunca puede darse que Dios se convierta en una criatura. Eso sería traer a Dios a nuestro nivel y falsificar la majestad de la deidad.

Este es el gran Dios, aquel al que tú y yo estamos llamados a servir. Todas las cosas que se dicen o se enseñan sobre Dios no son más que una porción de su Persona y una pequeña parte de sus caminos. Tenemos lo que llamamos el elemento racional, que es la parte que puedes asimilar con tu mente finita.

A la gente le gustaría bajar a Dios hasta ellos y empequeñecerlo, de modo que pudieran tener un Dios de su tamaño... aunque un poco más grande, para ayudarles cuando tengan problemas. Este es el tipo de Dios que aparece en los círculos evangélicos modernos. El Dios de la iglesia evangélica promedio es demasiado pequeño. No es el Dios de los cielos y de la creación, sino un Dios casero, hecho a mano, arrastrado a nuestro nivel. Nuestro Dios hoy día es como un tío muy mayor con el que queremos mantener una relación cordial de modo que, cuando llegue el momento, nos haga ricos o nos ayude de alguna manera en un proyecto empresarial. Deseamos tener la capacidad de usar a Dios para nuestros propósitos.

Déjame que lo diga claramente: yo no doblaría mis rodillas ante un dios así. El Dios que puede hacerme poner de rodillas tiene que ser infinitamente más elevado que yo. Debe ser tan alto, trascendente y glorioso que yo pueda unirme a los ángeles, los serafines y los querubines para clamar: "¡Santo, santo, santo, Señor Dios de los ejércitos!". Tiene que ser tan poderoso que pueda sostener el mundo en su mano, y debe ser más grande que el diablo, más grande y poderoso que los montes, y más que el fuego. Para que sea un Dios digno de mi adoración tiene que ser todo esto y mucho más.

Jamás, nunca en la vida, me postraré a adorar a un dios al que pueda imaginar con mi mente.

Soy estadounidense y no se me da bien inclinarme ante nadie. No me gusta la idea de que haya clases sociales, donde algunas personas son muy importantes y otras no lo son, y donde las poco importantes se inclinan ante las que mandan. No es así como debería suceder en Estados Unidos, ni es lo correcto que debemos hacer como cristianos.

Dios nos hizo de tal modo que hasta el niño más humilde es tan valioso para Dios como un cristiano que tiene montones de dinero, que firma cheques y conduce grandes coches. Mantengámonos tan libres como podamos. Y recuerda: por lo que respecta a Dios, nos arrodillaremos junto a los poderosos y a los potentados, y también junto a los humildes. No tengamos grandes ideas sobre estas personas destacadas y pensemos que para Dios son más importantes.

Cuando decimos: "Acepto a Jesús", no le hacemos ningún favor a Jesús. Algunos evangelistas dan a entender que si acudes a Jesús le estás haciendo un gran favor. No, cuando entregas a Jesús tu corazón no le haces ningún favor. Y no pierde nada cuando te niegas a entregarle el corazón. Si no aceptas su invitación, Él no pierde nada. Si la aceptas, no gana nada. Ya dispone del mundo sin límites. Las multitudes de los redimidos, las cuatro bestias ante el altar y los seres vivientes se inclinan ante Él y claman: "¡Santo, santo, santo, digno es el Cordero que fue inmolado!".

No imaginemos que le hacemos un favor a Jesús cuando damos testimonio de Él. Cuando entregamos a Jesús nuestros corazones no le beneficiamos. Más bien es Él quien nos hace un favor infinito al aceptarnos y recibirnos para sí. El Dios poderoso contempló al ser humano, adoptó forma humana, murió y resucitó. Ahora estamos en la presencia de este poderoso Señor Jesús. De modo que no te enorgullezcas mucho. Fue Jesús quien resucitó de los muertos y dijo: "Todo poder me es dado en los cielos y en la tierra", y no permitirá ni por un instante que unos hombres y unas mujeres carnales lo manipulen y lo babeen, personas que han sacado de Hollywood su concepto del amor.

Entiendo que hay algunos musulmanes que no saben leer, y si se encuentran un papel en el suelo y no saben lo que está escrito en él, lo levantan y depositan cuidadosamente en un estante, donde está a salvo. Tienen miedo de que en él esté escrito el sagrado nombre de Alá. No quieren ser culpables de pisar ese nombre sagrado. Son más reverentes que muchos cristianos. Se postran ante Alá más de lo que muchos cristianos lo hacen ante el Padre, el Hijo y el Espíritu Santo.

La pregunta es sencilla: ¿Conoces a este Dios imponente? Es el Dios a quien los filósofos han llamado el *mysterium tremendum*, el misterio colosal, inmenso. Ante este *mysterium tremendum*, Jacob exclamó: ¡Cuán terrible es este lugar! No es otra cosa que casa de Dios, y puerta del cielo". En el Nuevo Testamento, Pedro dijo: "Apártate de mí, Señor, porque soy hombre pecador". Abraham dijo: "Soy polvo y ceniza".

Job se quedó sin palabras delante de Dios. Job era orador y seguramente hubiera sido un buen político o evangelista. Era capaz de abrir la boca y de que las palabras se derramasen como el agua de una jarra. Pero cuando Dios se le reveló, Job se tapó la boca con las manos y dijo: "No volveré a hablar".

Muchas personas no llegan a ninguna parte con Dios porque nunca han conocido a ese tipo de Dios. Su Dios es artesanal y no va revestido de misterio ni de majestad. Yo nunca me arrodillaré ante un dios hecho por uno mismo, un dios casero.

Doblo mis rodillas ante ese *mysterium tremendum*, esa majestad impresionante a la que llamamos nuestro Padre que está en los cielos.

Llevo enseñando y predicando desde los diecinueve años, y debo confesar que cuanto mayor me hago menos sé. ¡Sé tan poco! La gente viene y me pregunta cosas que yo podría responder con pasajes de la Biblia. Sin embargo, la honestidad me induce a confesar que ya no sé gran cosa. En el pasado creí que sabía mucho, o pensaba que lo sabía, pero, a medida que paso tiempo delante de este Dios tremendo, cada vez soy más y más consciente de que no sé gran cosa. Y, la verdad sea dicha, creo que así es como debe ser.

Nadie que sea orgulloso será aceptable jamás ante la presencia temible del Dios santísimo. Nuestro Dios es el que conoce todo lo que se puede conocer mediante un acto sencillo, sin esfuerzo alguno, y que conoce todo poder, todos los espíritus, las mentes, la materia, las relaciones, la energía, la historia y el futuro... comparado con este Dios, yo sé muy poco.

Ninguno de nosotros sabe mucho, y el hombre que cree saber más que nadie es aquel que, según dice Pablo, sabe menos. Si nos limitásemos a admitir lo totalmente ignorantes que somos, podríamos empezar a ir a alguna parte con Dios.

A Dios no le interesa tu mente. No le interesan los títulos que tengas. Después de que me dieran mi título honorífico, no prediqué mejor, no oré mejor. Los diplomas no significan nada, y sin embargo hay personas que creen que si no tienen un diploma no pueden ir adonde quieran. Algunas de las personas más sencillas que he conocido en este mundo conocen a Dios mucho mejor que una persona con un doctorado. Ora con tu corazón y Dios te escuchará.

Algunas personas se acercan al altar, oran y luego se marchan decepcionadas. El motivo es que tienen una controversia con Dios. Se le resisten, luchan con Él. No te engañes sobre este punto. Dios sigue siendo el Dios temible que hizo llover fuego sobre las ciudades de Sodoma y Gomorra, convirtiendo en cenizas a sus habitantes. Sigue siendo ese Dios.

Si tienes algo contra Dios, ten en cuenta dos cosas: una, que no puedes ganar, y dos, que Dios no puede perder. Si discutes con Dios en cualquier sentido, no tienes ninguna posibilidad de ganar. Te aconsejo algo sencillo: deja de discutir, ríndete y di: "Dios, aquí estoy". Ponte en sus manos. Mientras te resistas a Él no podrás ganar, y Dios no puede perder porque es soberano y actúa conforme a un plan que estableció desde antes de la fundación del mundo.

Cuando todo acabe, la corona estará sobre la cabeza de Jesús, y su esposa caminará a su lado a la presencia del Padre, con gran gozo. Al final, Dios vencerá.

Todos aquellos que luchen perderán. O Dios te gana ahora, lo cual producirá tu bendición eterna, o te ganará más tarde, para tu perdición, tristeza y vergüenza eternas. Deja de luchar con Dios y vencerás pacíficamente, porque Dios te ama y Jesús murió por ti, y el Espíritu Santo anhela aplicar la sangre del Señor y romper todas las ataduras de tu vida y darte la libertad. Sin embargo, no puede hacerlo mientras te resistas a Él.

No yo, sino Cristo
A. B. Simpson (1843-1919)

No yo, sino Cristo, sea honrado, amado, exaltado;
no yo, sino Cristo, sea conocido y escuchado;
no yo, sino Cristo, en cada mirada y acción.
No yo, sino Cristo, en todo pensamiento y palabra.

No yo, sino Cristo, para aliviar en la tristeza;
no yo, sino Cristo, para enjugar la lágrima que cae;
no yo, sino Cristo, ¡para ayudar al cargado!
No yo, sino Cristo, para acallar todo temor.

No yo, sino Cristo, en trabajo humilde y callado;
no yo, sino Cristo, en la lucha modesta y sincera;
Cristo, ¡solo Cristo! ¡Sin más ostentación!
Cristo, solo Cristo, quien recoge los despojos.

Cristo, solo Cristo, pronto mis ojos le verán;
en su gloria, pronto, muy pronto, le veré...
Cristo, solo Cristo, cumpliendo todo deseo,
Cristo, solo Cristo, mi todo en todo será.

El efecto de nuestra percepción de Dios

Nuestros corazones cantan en alabanza y en adoración cuando experimentamos tu presencia, ¡oh Dios!, en nuestra vida cotidiana. Una cosa es adorarte un solo día, pero poder hacerlo todos los días, y durante toda la jornada, nos ofrece el gran gozo que es conocerte. Amén.

En cierta ocasión alguien preguntó a Charles Spurgeon si alguna vez había predicado un sermón más de una vez. Él contestó: "¿Cree usted que después de cortar el árbol tiraría el hacha?". Sé exactamente cómo se sentía, y yo me siento igual. Si enseñas durante mucho tiempo corres el peligro de repetirte. Desde mi punto de vista, si lo que digo resulta útil, no solo quiero repetirlo, sino también dar permiso a todo el mundo para que lo repita sin darme crédito alguno. Después de todo, lo importante es el mensaje.

Creo que todo el mundo debería tener el privilegio de usar cualquiera de las armas del Señor que pertenecen a su pueblo, excepto la armadura. Recuerda que la armadura de Saúl no le sentaba bien a David, y yo nunca me pondré ninguna armadura excepto la mía. Permíteme que te diga algunas cosas en este sentido de conocer a Dios.

La primera es que la vida es algo muy serio, y el mundo en que vivimos también lo es.

Me reconforta saber que entre nosotros todavía hay personas

lo bastante serias que perciben la seriedad de esta vida, y les preocupa sinceramente saber cómo pueden enfrentarse a la vida y a la muerte y vencerlas; cómo pueden rescatar algo del naufragio de este mundo y salvar sus propias almas de la condenación. Pedro advirtió: "Sed salvos de esta perversa generación". Si un apóstol dijo esto, yo creo que puedo susurrarlo hoy.

Creo que hay algunos que quieren salvar sus almas de esta generación perversa, este hundimiento y decadencia del mundo. A la luz de esto, me gustaría darles un consejo, no de un hombre perfecto, sino de alguien que ha caminado con Dios, que ha amado y practicado las Escrituras durante mucho tiempo, y cuya única motivación es beneficiarte.

Nadie puede reclamar mi atención o mi respeto si sé que busca algo de mí. No creo que exista semejante cosa espiritual; no tengo conciencia de ello. Me tapo los oídos frente al hombre que sospecho que, simplemente, pretende obtener algo. Sin embargo, no puede ofenderme nada de lo que me diga un hombre que sé que me aprecia y que no codicia nada de lo que tengo. Y por mucha elocuencia que tenga una persona, si sospecho que quiere algo que yo tengo, no le haré ningún caso.

Si queremos salvarnos de esta generación perversa y rescatar algo del mundo, creo que en nuestra vida cotidiana tenemos que concentrarnos en cuatro cosas.

La primera es que nuestra percepción de Dios tiene que encajar con el Dios que aparece en la Biblia. En otras palabras, tenemos que magnificar a Dios en nuestras vidas cotidianas.

Después de muchos años de observación y de oración, estoy totalmente convencido de que el fundamento de todos los problemas que tenemos hoy en los círculos religiosos es que nuestro Dios es demasiado pequeño, que nuestro Dios no es lo bastante grande. Por mucho que digamos esto, nunca será suficiente. No creo que podamos engrandecer a Dios, porque esto escapa totalmente a nuestra capacidad. No podemos tener a un Dios imaginario. Debemos ver a Dios tal como le ha complacido revelarse, sobre todo mediante su Palabra.

Creo que el versículo más importante de la Biblia (y resulta muy difícil decir esto, porque la Biblia es un libro magnífico) es el que dice "En el principio... Dios...". Este es el versículo más importante porque es donde debe comenzar todo. Dios es la fuente de la que brota todo y el fundamento sobre el que descansa todo. Dios es el todo en todo. Estoy segurísimo de que si empezásemos a ver más grande a nuestro Dios, también empezaríamos a ver más pequeñas a las personas. Vivimos un momento en que se alaba a las personalidades destacadas y, cuando las engrandecemos, lo que hacemos de hecho es reducir a Dios. Tenemos reuniones de iglesia en las que no vemos a Dios. Solamente vemos a los siervos de Dios, lo cual es una tragedia.

Me temo que hoy en la Iglesia de Cristo mucha gente adora a los héroes. Hemos magnificado al mensajero y, por consiguiente, hemos minimizado el mensaje. El mensaje debe tener una naturaleza tal que reste importancia al mensajero.

Dios actúa conforme a un propósito eterno, y hace las cosas de acuerdo con sus planes. No necesita que nadie le dirija, le corrija o matice lo que tiene que decir. La frase más impactante y poderosa de las Escrituras es: "Así dice el Señor". Después de esto, no hay que añadir nada. Dios es suficiente.

Los Credos nos han enseñado que Dios es espíritu, infinito, eterno e inmutable en su ser, su sabiduría, su poder, su santidad, su justicia, su bondad y su verdad. Al contemplar la majestad de Dios, toda elocuencia se desvanece entre las sombras. La elocuencia del hombre no puede elevarse lo bastante para ofrecer una alabanza digna de Aquel al que llamamos el *mysterium tremendum*.

El lenguaje humano nunca puede ser suficiente para expresar plenamente la dignidad de nuestro Dios. Con el paso de los años, muchos expertos en lenguaje han intentado honrar a Dios con sus palabras. El lenguaje nunca puede expresar plenamente a Dios en toda su maravillosa majestad. Lo intentamos, y los escritores de himnos han hecho un buen trabajo intentándolo, pero incluso ellos se quedan cortos frente a la gloria que solo pertenece a Dios.

A veces en nuestras oraciones somos bastante elocuentes. He descubierto que, cuanto más elocuente soy al orar, no consigo gran cosa. En ocasiones mi elocuencia es un obstáculo para conectarme realmente con Dios.

Te digo que nuestros sentimientos nunca se pueden plasmar en simples palabras. En Dios hay algo tan majestuoso, algo que inspira tal temor reverente, que frustra toda capacidad expresiva.

He sido un lector apasionado de Shakespeare, pero incluso a él le falta la capacidad de expresar la majestad de Dios en palabras y frases que sean dignas de Él. Digamos lo que digamos, y da lo mismo como lo hagamos, nuestro Dios es más grande. Cuando intento expresar mi amor por Dios, las palabras se interponen, y a veces incluso me veo obligado a guardar silencio. Es precisamente en silencio cuando mi apreciación de Dios aumenta de una forma digna.

Si tuviera el talento y la capacidad de Shakespeare, de Francis Bacon, de Henry Thoreau, de John Milton (y la lista es interminable), nunca expresaría adecuadamente a Dios lo que es digno de Él. Conocer a Dios en la plenitud de su revelación conlleva experimentar una sensación profunda de incompetencia en nuestra adoración. Aquellos que están satisfechos de su alabanza lo están porque, seguramente, nunca han estado en la presencia de Dios. Cuando me postro ante Dios en adoración, me embarga una sensación de insuficiencia ante su santidad. ¿Cómo es posible que yo, tan imperfecto y limitado como soy, pueda acercarme y ofrecer al Santo, al Infinito, lo que es digno de Él?

¿Por qué es así? ¿Por qué tengo dificultad para expresar con mi adoración lo que es digno y aceptable a Dios? El motivo básico es la carne. Dios no puede aceptar nada de la carne. Mires donde mires en las Escrituras, descubrirás que la carne siempre es contraria a la voluntad de Dios. Es necesario que contengamos la carne en nuestras vidas cotidianas. La carne no tiene nada que sea agradable a Dios.

La máxima expresión de la carne es el entretenimiento. El mundo lo ha pulido hasta su máxima expresión. El entretenimiento se ha impuesto a nuestra cultura, y no se puede hacer nada sin que aparezca. El error que cometemos es este: pensamos que podemos entretener a Dios. Creemos que lo que hacemos y cómo lo hacemos le complacerá.

Lo que tenemos que entender es que a Dios no se le puede entretener, y menos con nada que venga de la carne. Una vez nos metamos esto en la cabeza, empezaremos a contemplar nuestra relación con Dios de una forma un poco distinta. Dios no va a entretenerme, ni yo le puedo entretener. Este hecho descalifica buena parte de lo que hoy se considera alabanza.

El entretenimiento no es más que la demostración de la carne en su mejor momento. Como esto es aceptable en el mundo, muchos piensan que es aceptable para Dios. La mayor parte de los cultos en nuestras iglesias no es más que entretenimiento religioso. Si es entretenimiento, entonces en realidad no es de Dios. *Adoración y entretenimiento* no son sinónimos, pero sin embargo muchas personas de nuestras iglesias evangélicas contemporáneas piensan que lo son. Para algunos, los domingos por la mañana se han convertido en un momento de entretenimiento religioso musical, pensando que es agradable a Dios.

El Dios de la Biblia tiene tal naturaleza que es digno de todo lo que es compatible con ella. El entretenimiento no es compatible con la naturaleza de Dios. Si queremos complacer a Dios, debemos complacerle con las condiciones que Él establece. Si queremos adorar a Dios, debemos adorarle respetando sus condiciones.

Probablemente, el reto más difícil al que nos enfrentamos es renunciar a la carne en la iglesia moderna. Si podemos extirpar los elementos de la carne en la iglesia, liberaremos a las congregaciones para que puedan ofrecer a Dios una alabanza aceptable a Él.

Aunque en este libro no hablo de los dones del Espíritu, simplemente quiero destacar que a Dios solo se le puede servir y adorar por medio de esos dones. El talento del ser humano se queda corto frente a lo que agrada a Dios. La carne no puede hacer la obra del ministerio o la adoración de Dios. De alguna manera, hemos perdido este concepto.

¿Qué van a hacer algunas personas si van al cielo y descubren que en aquellas calles de oro no hay entretenimiento alguno? Sin duda, las calles de oro no son Broadway. El cielo no es un lugar para entretenerse. El cielo es un lugar de adoración, y el objeto de esa adoración es Dios. Cuanto más aprenda de Dios, más empezaré a entender qué tipo de alabanza es aceptable y cuál no lo es. Por eso es importante para mí tener una percepción clara y precisa de Dios como Él es realmente.

Una vez que entienda a Dios y la adoración y el ministerio que le son aceptables, necesito entrar en otra área, que es magnificar a Dios en todo lo que hago. Una vez más, permíteme indicar que la carne no puede engrandecer a Dios. Tengo que renunciar a la carne para magnificar a Dios en todas las facetas de la vida. Si hay un aspecto de mi vida en el que Dios no es engrandecido, no hay ningún aspecto de mi vida en el que le magnifique como es digno de Él.

Luchar con la carne es un asunto muy serio, porque me lleva al punto de magnificar a Dios como Él es digno.

¿Qué significa magnificar a Dios?

Dicho claramente, no es más que engrandecer a Dios en tu vida. Cuanto más llegues a conocer a Dios y a comprender su santidad, más empezarás a magnificarle en tu vida, y entonces Dios se convertirá en lo más grande que haya en ella. Si en tu vida hay algo que sea mayor que Dios, te puedo asegurar que Dios no está en tu vida. El objetivo que tengo como cristiano es magnificar a Dios. La gran disciplina de la vida cristiana es vivir de tal manera que magnifique a Dios.

El verbo que se usa para hablar de esto es *mortificar* la carne. Esto no es otra cosa que darle la espalda a la carne y considerar que está muerta. "Con Cristo estoy juntamente crucificado", escribió Pablo, "y ya no vivo yo, mas vive Cristo en mí; y lo que ahora vivo en la carne, lo vivo en la fe del Hijo de Dios, el cual me amó y se entregó a sí mismo por mí" (Gá. 2:20).

Esto debe emitir una sentencia de muerte contra todo lo que hay en mi vida. No puedo ser de una manera el domingo por la mañana y ser distinto el lunes. No puedo ser de una manera cuando estoy con otros cristianos y totalmente distinto cuando estoy con otras personas. Algunos afirman que han mortificado la carne, pero siguen teniendo un espíritu de resentimiento, siguen amando el dinero y todavía no controlan su temperamento. O mortificas la carne o esta te destruirá a ti y tu testimonio cristiano.

Debo confesar que algunas de las reuniones que más he disfrutado han sido aquellas en las que Dios estuvo presente con un poder tan impresionante que la gente tenía miedo de moverse. En ocasiones, la presencia de Dios pesaba tanto en la asamblea que nadie conseguía siquiera susurrar. Sin duda Dios estaba en aquel lugar.

Si más de nuestras iglesias vivieran esto regularmente, la tendencia al entretenimiento desaparecería rápidamente. No hay entretenimiento en ninguna parte, o que pueda hacer nadie, que se pueda comparar con la presencia manifiesta de Dios sobre una asamblea de creyentes. A medida que maduramos en el Señor, perdemos el deseo por los juguetes de la religión. Ya no nos satisfacen, y lo único que realmente nos sacia es la presencia de Dios en medio de nosotros. No hay que organizar un buen espectáculo; el culto no consiste en que nos entretengan y nos invada el entusiasmo. Si me elevo en las alas del entusiasmo, puedo caer con la misma rapidez. Pero cuando estoy en la presencia de Dios y Él se manifiesta a mi persona, no hay nada artificial. Nunca puedo ignorar esa experiencia, la experiencia de practicar la presencia de Dios. Una vez más, déjame recordarte que debemos mantener la carne a raya.

Muchas veces me han acusado de ser radical, y no me importa. Creo que todos debemos ser un poco radicales si queremos seguir al Señor Jesucristo, de modo que no temo ser radical. Si realmente quieres tener una experiencia aumentada en la presencia de Dios, déjame que te ofrezca unas pocas sugerencias.

Vete a casa y empieza a desenchufar todas aquellas cosas que están allí simplemente para entretenerte. Hablo de tu radio, tu televisor e incluso también tu teléfono. Sé que necesitamos el teléfono por diversos motivos, pero hay veces en que debemos aislarnos del mundo tan completamente que lo único que nos quede sea Dios. Para mí, eso no es un problema. Quiero estar inmerso en una situación en la que lo único que tenga sea Dios.

No necesitas saber tanto, ni tampoco tener tantas cosas. Si tu vida se reduce a lo más básico, te permitirá aferrarte a la fe una vez dada a los santos, porque, como dijo el Hermano Lorenzo, así "practicas la presencia de Dios".

Un último pensamiento en este sentido sería la necesidad de cultivar una actitud de siervo.

David, después de haber servido a su generación por la voluntad de Dios, durmió. Creo firmemente que ningún hombre tiene derecho a morir hasta que haya servido a su generación. Como cristiano, cuando muera quiero asegurarme de que el mundo que me rodea está en deuda conmigo por mi servicio.

Cuando nacieron John y Charles Wesley, estuvieron en deuda con su madre, su padre y su comadrona, así como con todos aquellos que les sirvieron. No murieron hasta que le dieron la vuelta a la situación, y ahora el mundo y la Iglesia de Dios están en deuda con John y Charles Wesley. Es casi imposible celebrar un culto en la iglesia sin entonar uno de los himnos de Charles Wesley.

Siguiendo esta misma línea podríamos entrar en el Gran Salón de la Fe. Uno tras otro, veríamos a todos los que han entrado en el mundo debiendo todo a todos, y luego, cuando murieron, dieron la vuelta a la situación, de modo que ahora todo el mundo está en deuda con ellos. ¿Por qué? Porque tenían una mentalidad de siervo. Esto es esencial, y se desprende de la percepción correcta de quién es Dios.

No puedes servir a la generación anterior, que ya ha pasado. Además, solo puedes servir indirectamente a la generación futura, pero sí puedes servir a esta generación presente. Hay demasiados cristianos que no son más que esponjas religiosas; absorben, absorben y absorben, y esto es casi todo lo que hay en sus vidas. Sin embargo, el Señor quiere que sirvamos, que hagamos cosas por las personas, que las endeudemos con nosotros. Cuando magnificamos a Dios, crucificamos al viejo hombre y cultivamos una actitud de siervos, hacemos que esta generación y las venideras estén en deuda con nosotros.

Avívanos, Señor
Albert Midlane (1825-1909)

Avívanos, Señor,
sintamos el poder
del Santo Espíritu de Dios
en todo nuestro ser.

Avívanos, Señor,
con nueva bendición;
inflama el fuego de tu amor
en cada corazón.

Avívanos, Señor,
tenemos sed de ti,
las lluvias de tu bendición
derrama ahora aquí.

Avívanos, Señor,
despierta más amor,
más celo y fe en tu pueblo aquí
en bien del pecador.

(Trad. H. Turrall)

16

Nuestra percepción de Dios marca nuestra vida de oración

Oh Dios, mi máximo gozo es el gozo que encuentro en esa comunión íntima contigo. Nada más llena mi corazón de emoción y entusiasmo tanto como acudir a tu presencia, sabiendo que soy bienvenido. Te ruego que mi vida hoy esté saturada de oración y de alabanza por saber que eres como eres. Amén.

Tal como yo lo veo, la disciplina más importante de mi vida tiene que ser mi vida de oración. Hablar de la oración es importante; practicarla, lo es más. Vayas donde vayas, los cristianos celebran las virtudes de la oración y de la vida de oración. Sin embargo, me resulta bastante curioso que, cuando nos acercamos a los aspectos prácticos, son muy pocos los cristianos que realmente participan de la disciplina de la oración hasta el punto en que podrían hacerlo dentro de su experiencia cristiana.

Fue George Müller quien observó que tenía tantas cosas que hacer que no se podía permitir invertir menos de cuatro horas diarias en la oración. Aquí tenemos a un hombre que entendía el espacio que debe ocupar la oración. Nosotros diríamos que tenemos tantas cosas pendientes que no podemos permitirnos dedicar tiempo a la oración. Comparemos nuestras vidas con las de George Müller, y veamos quién tiene de verdad el mejor concepto de lo que es la oración.

Cuando Jesús murió en la cruz, resucitó de la tumba al tercer día, ascendió al cielo y se sentó a la diestra de Dios Padre, nos abrió el acceso hasta el mismo oído de Dios. No estoy seguro de que los cristianos sean conscientes de la dinámica de este acceso. Ahora podemos llegar al oído del Dios y Padre de nuestro Señor Jesucristo. Cuando reflexiono y medito sobre mi relación con Dios, me siento humillado.

Mi relación con Dios no es arbitraria ni ritualista. Más bien se trata de una experiencia personal, y es más que un monólogo: es un diálogo. Me temo que la mayoría de cristianos no ha llegado a este aspecto de su vida de oración, este diálogo.

Por así decirlo, nuestra percepción de Dios es lo que realmente marca el perímetro de nuestra vida de oración. Hemos de comprender que la oración no es un acto meritorio. Al practicarla no ganamos nada. Oramos porque Dios escucha, y Dios nos escucha gracias a Jesús. Gracias a Él, Dios Padre tiene buenos sentimientos por su pueblo.

Los paganos oran a maderos, piedras y todo tipo de objetos creados, sin que sus oraciones tengan mérito alguno. Lo más impresionante, y lo más decepcionante, es hasta qué punto se comprometen con esta vida de oración fraudulenta y se disciplinan en ella. Dios nos escucha no porque nuestra oración sea buena, sino porque Él es bueno. Un amado hermano solía ponerse la mano detrás de la oreja y decía: "Dios se inclina y hace este gesto para escuchar mis oraciones". Aquel amado hermano no andaba lejos de la verdad. La oración es el medio que tiene Dios para saber que estamos listos para recibir lo que Él quiere que tengamos.

Mi percepción de la bondad de Dios me guiará en mi oración. Tengo que comprender que no debo convencer a Dios de que haga algo que quizá no quiera hacer. Escucha algunas de las oraciones en una reunión de oración y llegarás a la conclusión de que la gente piensa que puede convencer a Dios para que haga algo que Él no está dispuesto a hacer. Esto es absolutamente erróneo.

A Dios no se le puede convencer de que haga algo que no desea hacer o que contradice su carácter, su naturaleza y sus atributos. No puedo convencer a Dios de que haga algo porque yo quiera que lo haga. Ni yo ni nadie estamos en posición de negociar con Dios con nuestras propias condiciones.

Cuanto más empiezo a comprender la bondad de Dios, más comienzo a entender mi relación con Él, y también en qué consiste la oración. Por lo que respecta a la oración, la bondad de Dios es el fundamento de nuestra expectativa. ¿Qué podemos esperar realmente que haga Dios?

Cuanto más vaya descubriendo qué tipo de Dios tengo, más empezaré a comprender qué espero de Él y qué espera Él de mí. El compromiso es bilateral. Cuando oro, la mayor parte de mi confusión nace del hecho de que no entiendo plenamente qué espera Dios de mí. Recuerda que la oración no consiste en intentar que Dios se adapte a nuestras circunstancias, sino que nosotros nos adaptemos a Él.

Cuando acudo a Dios, confieso mis pecados y confío en que me perdona, acepto por fe su perdón. Espero que Dios me perdone, porque sé que Dios es bueno y que desea perdonarme gracias al sacrificio que hizo Jesús por mí. ¿Recae el mérito en mi fe? Nunca. Radica en el buen Dios, que nos perdona porque está lleno de gracia, de amor, y porque está dispuesto a perdonar.

Cuando pensamos en la bondad de Dios, ¡hay tantos versículos bíblicos que florecen y dan su fruto!

La bondad de Dios nos conduce al arrepentimiento, como dice Pablo en Romanos: "¿O menosprecias las riquezas de su benignidad, paciencia y longanimidad, ignorando que su benignidad te guía al arrepentimiento?" (Ro. 2:4).

David dijo en los Salmos: "Ciertamente el bien y la misericordia me seguirán todos los días de mi vida, y en la casa de Jehová moraré por largos días" (Sal. 23:6).

Cuando empiezo a comprender la bondad de Dios, entiendo

que no le complace condenar a nadie. No le complace la muerte de los impíos. Pero aun así, Dios juzga. Creo en el día del juicio, y que cada persona recibirá conforme a lo que haya hecho estando en el cuerpo. Creo que habrá una resurrección de justos y de injustos, y que habrá una resurrección del hombre a vida eterna y a condenación. Creo esto. Sin embargo, a Dios no le gusta condenar. David dice que el Señor se regocijará sobre ti con alegría. A Dios le encanta llenar nuestras vidas con su bondad.

Cuando era pequeño, solía escuchar una canción que decía:

A la sombra de sus alas
Jonathan B. Atchinson (1840-1882)

A la sombra de sus alas
hay reposo, dulce reposo;
descanso del cuidado y la labor,
descanso para amigo y vecino,
a la sombra de sus alas.
Hay reposo, dulce reposo,
a la sombra de sus alas,
hay reposo (dulce reposo).

Si tan solo nos diéramos cuenta de que Dios es ese tipo de Dios, nunca iríamos con la cara ni con el corazón triste. Nunca tendríamos que ir por la vida con un profundo sentimiento de inferioridad. Hay una diferencia muy grande entre el verdadero arrepentimiento y un sentimiento de inferioridad que te hace sentir: "No valgo nada. No tiene sentido orar; simplemente, no valgo nada".

Por supuesto que no lo vales. Dios es bueno, y como es bueno nos atrevemos a aprovecharnos de su bondad. La puerta de Dios siempre está abierta para cualquiera de sus hijos que ha pecado, de modo que ellos puedan llegar al punto de decir: "Oh, gusten y vean que el Señor es bueno".

Recientemente, durante mi tiempo diario con el Señor, me quedé anonadado por lo bueno que Dios había sido conmigo. ¡Qué bondad tan absoluta me ha manifestado! Si no fuera por la gracia de Dios, estaría friéndome en el infierno o marchitándome en una celda. La bondad de Dios me ha rodeado, me ha perdonado, y su misericordia ha hecho que mi vida sea razonablemente decente, y solo porque Él es bueno, no porque lo sea yo.

Hay un librito que me acompaña hace años. Es un pequeño libro de oraciones que escribí yo mismo. Debe tener unos diecisiete o dieciocho años, y lo llevo a todas partes. Escribo mis oraciones y he llegado a un pequeño acuerdo con Dios. Dado que yo, por naturaleza y por conducta, he sido el peor de los hombres que haya vivido jamás, quiero que Dios haga más por mí que por cualquier otro ser humano de este mundo. Tengo derecho a pedirlo, porque donde el pecado abunda, la gracia sobreabunda. Y si la bondad de Dios se especializa en los casos difíciles, y si puede brillar con más fuerza cuando el cielo está oscuro, yo proporcionaré ese cielo negro. ¡Sigue brillando, oh bondad de Dios!

Cuando era joven solía hacer "la ruta del ferrocarril". O sea, que me colaba en un vagón y viajaba sin pagar. Cuando me convertí, Dios me señaló que aquello no estaba bien, y quise compensar todos aquellos años que había viajado en tren sin pagar. Había viajado a costa de la compañía ferroviaria, y les debía algo. De modo que escribí al director de la compañía y le dije:

Apreciado señor:

Me he convertido a Jesucristo y ahora soy cristiano, de modo que quiero enderezar mi vida. Hace algún tiempo fui en tren de un lado para otro sin pagar, y querría que me enviase la factura. Quiero pagar lo que debo.

No mucho después recibí una carta escrita en papel oficial de la compañía ferroviaria. Abrí la carta y leí lo siguiente:

Apreciado señor:

Hemos recibido su carta. Entendemos que se ha convertido y desea vivir una vida cristiana, y queremos felicitarle por esta nueva disposición. Le felicitamos por ser cristiano. Por lo que respecta a lo que nos debe, suponemos que cuando viajaba en nuestros trenes no recibió un servicio muy bueno, y por consiguiente decidimos que es mejor olvidarlo todo.

Atentamente,
El director

Conservé aquella carta mucho tiempo. Mi conciencia estaba limpia y libre. Dios era bueno conmigo. No podía pagar la factura; no tenía suficiente dinero.

Ojalá te anime a pensar que Dios es justo, santo y bueno. Sé que Dios es severo con la incredulidad y con el pecado, pero es bueno, infinitamente bueno, siempre bueno. Y, si le necesitas, Dios siempre estará ahí para ti.

¡Oh dulce, grata oración!
William W. Walford (1772-1850)

¡Oh dulce, grata oración!
Tú del contacto mundanal
me elevarás a la mansión
del tierno Padre Celestial.
Huyendo yo la tentación
y toda influencia terrenal.
Por Cristo que murió por mí,
será mi ruego oído allí.

¡Oh dulce, grata oración!
A quien escucha con bondad
elevas tú mi corazón:
a Dios que ama con verdad.
Espero yo su bendición,
perfecta paz y santidad,
por Cristo que murió por mí,
por Él que me ha salvado aquí.

¡Oh Padre mío, Dios de amor!
Escucha tú mi oración.
¡Oh Cristo, mi fiel Salvador!
Escucha tú mi oración.
¡Espíritu Consolador!
Escucha tú mi oración.
Bendíceme, ¡oh Trinidad,
que estás en la eternidad!

(Trad. anónimo)

Nuestra percepción de Dios en la creación

Toda la creación, Señor, canta tu alabanza. Contemplo las colinas y pienso en ti. Los montes muestran tu majestad y tu fortaleza. En los ríos veo cómo fluye la gracia y la bondad de tu misma naturaleza. Toda la creación se une en alabanza a ti, y yo también. Amén.

Las huellas de Dios están en toda la creación. Cuanto más profundizamos en el misterio de la creación, más empezamos a ver la huella de la mano de Dios. Ningún descubrimiento científico puede borrarlas; esas huellas nos dicen poderosamente que detrás de todo hay un Creador. Rechazar la idea de un Creador supone renunciar a la inteligencia. Nada aparece sin que algo o alguien esté detrás de ello.

¿Quién es ese Creador detrás de todo? Esta es la pregunta ineludible que hay que responder. Este Creador es el Dios que lo hizo todo, y lo creó con un propósito. En la creación no hay nada que carezca de sentido o de propósito. Nunca entenderé el propósito hasta que comprenda quién está detrás de todas las cosas.

Lamentablemente, hemos dejado la naturaleza y la creación a los científicos que intentan desvelar los misterios de nuestro universo. En mi opinión, la naturaleza debería llevarnos automáticamente a Dios, que en la Palabra de Dios nos dice que fue el Creador. Si cuentas con la naturaleza sin la Palabra de Dios, tienes a un ente misterioso, pero sin vínculo personal con Él.

No abordo esto como científico, sino como alguien que alaba y adora profundamente al Creador. En la creación todo canta las alabanzas de este misterioso Creador. No puedo explicar la creación, pero puedo ver en ella la maravillosa huella de la mano de un Dios que es magnífico, impresionante y maravilloso.

En las universidades es donde culpan a los cristianos por lo que llaman *antropomorfismo*. Es una palabra larga, y algunos lectores quizá no sepan lo que significa. *Antropos* es una palabra griega que significa "hombre", de modo que *antropomorfismo* significa que hemos hecho a Dios a nuestra imagen, a la imagen del hombre. Lo único que hacemos es tomar las mejores cualidades de una persona y proyectarlas hacia lo alto, y entonces tenemos a Dios. Si vemos a un hombre amable, decimos: "Muy bien, pues Dios tiene que ser amable", y proyectamos en Dios esta amabilidad que nace del corazón de una persona y decimos: "Dios es amor, y es infinitamente amable", y luego lo predicamos y lo enseñamos.

Cuando los críticos dicen que nuestro concepto del Padre celestial no es más que algo manufacturado, lo que dicen en realidad es: "Sé que Dios no es como dices que es". Para responder a esto, pregunta: "De acuerdo. ¿Cómo has descubierto eso? La única manera de saberlo es mediante un descubrimiento o una revelación. ¿Cuándo descubriste a Dios, para que ahora puedas decirnos cómo es? Y si no lo has descubierto, entonces tuviste una revelación. Por favor, ¿puedes decirnos de dónde vino esa revelación y en qué consiste?".

Esto sugiere que el crítico sabe algo de Dios que nosotros ignoramos, que la Biblia desconoce, que los profetas y los apóstoles no sabían, que Jesús nuestro Señor no conocía y que también ignoraban los Padres de la Iglesia, los mártires y los reformadores.

Es posible que la gente también te llame *oscurantista* antropomórfico, lo cual significa que tapas las cosas para dejarlas ocultas. No creemos esto. Creemos que son los pecadores quienes tapan las cosas y las esconden, y que los hijos de Dios lo hacen todo a la luz. El oscurantista es aquel que está sentado en alguna parte redactando un contrato injusto, un contrato fraudulento que pretende arrebatarle su propiedad a una viuda. Ahí tienes a un individuo tenebroso. Está escondido en las tinieblas, pero los hijos de la luz salen a la luz.

Cuando digo que Dios es amor, me dicen: "Eso es lo que te gustaría que fuera Dios, y como te gusta percibir el amor en las personas, te gusta verlo en Dios". Para mí todo esto es absurdo. Si Dios hizo al hombre a su imagen, ¿no es razonable pensar que las mejores cualidades de una persona serían las más cercanas a lo que es Dios? Si te gusta ver cómo una madre trata con ternura a su bebé, ¿de dónde crees que sacó esa ternura?

El amor que sentimos unos por otros, ¿de dónde vino? La piedad que tenemos unos de otros, ¿dónde la conseguimos?

Todo lo recibimos de donde obtuvimos nuestra vida. Lo obtuvimos de Dios, y aunque estamos caídos y perdidos esa honradez provino del corazón divino.

"Pues si vosotros, siendo malos, sabéis dar buenas dádivas a vuestros hijos, ¿cuánto más vuestro Padre que está en los cielos dará buenas cosas a los que le pidan?" (Mt. 7:11).

Por lo tanto, en vez de salir huyendo, escondernos y admitir que somos ignorantes, nos resistimos a esos críticos y ofensores y les decimos: "Guárdense todos esos nombres tan largos. Creo en Dios y creo que Él me hizo a su imagen, y también que todo lo bueno que hay en la humanidad vino de Dios".

Dios no es una bondad que la humanidad haya proyectado a lo alto. El hombre fue hecho a imagen de Dios, y cualquier honradez que quede en nuestra naturaleza caída provino del corazón de Dios.

Dios es amor, y las Escrituras enseñan o dejan entrever esto.

Tú estudiaste las tablas de multiplicar: 2 x 2 = 4, 2 x 3 = 6, 2 x 4 = 8, etc.; estos son datos, hechos matemáticos. Seguirán igual durante el resto de tu vida. Ascendiendo hasta los confines más altos posibles de las matemáticas, seguirá siendo cierto que 2 x 2 = 4. Luego tenemos otro dato verdadero: Dios es bueno. Puedes ir por el mundo y ver accidentes, enfermedades como la poliomielitis, asesinatos y demás, y cuando hayas acabado no se habrá alterado el hecho de que Dios es bueno. Puedes acudir donde los hombres se engañan unos a otros, donde se mienten y retuercen las cifras para sus propósitos, diciendo que 2 x 2 = 7, de modo que puedan llenarse los bolsillos, pero eso no cambia el hecho de que 2 x 2 = 4.

Por consiguiente, en todas partes verás que los hombres están caídos en sus caminos de maldad. Verás crueldad y oscuridad, pero esto no altera el hecho de que Dios es bueno. Esta es una verdad inamovible. Es la piedra angular de todo lo que creemos sobre Dios.

Para mantener la cordura, los seres humanos debemos creer que Dios es bueno; que el Dios que habita allá en los cielos no es un Dios malicioso, ni malvado, ni un Dios que fomenta la maldad, sino un Dios que promueve el bien. Permitir que Dios sea otro tipo de Dios supondría trastocar por completo el estándar moral de la humanidad. Significaría convertir el cielo en un infierno y el infierno en el cielo. Significaría que lo bueno puede ser malo y lo malo bueno, y que Dios podría ser el diablo, y el demonio, Dios.

Muchas veces intentamos que nuestra fe descanse sobre textos y promesas. La verdadera fe solo puede descansar sobre el carácter de Dios. Creo, y tengo fe, porque creo en aquel en quien he puesto mi fe. Creo en un Dios que es bueno, y nunca me preocupa que Dios, a mis espaldas, me trate mal. No tiene que preocuparme el temor de que Dios me atrape cuando estoy mirando para otro lado y me haga algo malo, porque en el corazón de Dios no hay malicia, solo amor. En el corazón de Dios solo hay amor; eso es todo. Por lo tanto, no tengo que preocuparme.

¡Oh qué contraste entre el Cristo que caminó entre los hombres y los hombres malvados entre quienes anduvo! Esos hombres maliciosos, que maquinaban y cuchicheaban, y el Jesús tranquilo, apacible, amante, con una mirada tierna para todas las prostitutas a sus pies, cada niño pequeño en el césped, cada pequeño enfermo y cada dolor y tristeza del mundo. Caminó entre los hombres con buena voluntad, y los hombres entre quienes anduvo le acusaron por su bondad, y desearon que muriese.

Cuando le clavaron en el madero, esto no alteró la bondad de Jesús. No se volvió contra ellos para maldecirlos. Dijo: "Padre, perdónalos, porque no saben lo que hacen". Podrían matarle, pero no destruir la bondad de su corazón, su buena voluntad hacia los hombres.

Me gustaría señalar algo que quizá hayas pasado por alto. Es el hecho de que la bondad de Dios es el fundamento de nuestra expectativa. Los evangélicos nos hemos ido por la borda tirando algunos tesoros preciosos. Nuestros padres puritanos, y los viejos presbiterianos, congregacionalistas, bautistas y metodistas, solían predicar sobre lo que ellos llamaban teología natural, y no dudaban en hacerlo. No había liberales y modernistas; estaban los padres de la Iglesia, y enseñaban lo que ellos definían como teología natural. Sostenían que Dios se revelaba en la naturaleza, y que había una teología que se podía construir con solo mirar alrededor de nosotros. Todos sabemos que es así, pero tememos decirlo hoy día; nos espanta mucho. Tenemos miedo de que alguien venga y nos golpee en la cabeza con una Biblia Scofield y diga: "¡Eh, espera un segundo! ¡Eres un liberal!". No, no, hermano, no soy un liberal. Espero ser liberal, pero no lo soy en la teología, ni tampoco soy modernista. Pero creo que Dios, por medio de su creación, ha declarado algunas cosas que son ciertas sobre su persona. Sé que los Salmos lo dicen, y los profetas y Pablo. Cuando camino con un apóstol del Nuevo Testamento, un profeta del Antiguo o un salmista de ambos, siento que estoy en muy buena compañía, y no tengo ningún temor.

Me consuela mucho el hecho de que este mundo sea de mi Padre. Cuando el pecado entró en el mundo, introdujo en la creación un elemento contrario al carácter y a la naturaleza de Dios. El apóstol Pablo lo expresó de este modo: "Porque sabemos que toda la creación gime a una, y a una está con dolores de parto hasta ahora" (Ro. 8:22). Incluso la naturaleza padece por el pecado del hombre.

Apenas podemos imaginar cómo será este mundo nuestro cuando el pecado haya sido eliminado definitiva y eternamente de toda la creación. Que piensen lo que quieran de nosotros, y que nos llamen lo que les apetezca. Nuestra esperanza descansa en el hecho de que este es el mundo de nuestro Padre, y que tiene en mente los máximos beneficios para nosotros durante toda la eternidad.

El mundo entero es del Padre celestial
Maltbie D. Babcock (1858-1901)

El mundo entero es del Padre celestial;
su alabanza en la creación escucho resonar.
¡De Dios el mundo es! ¡Qué grato es recordar
que en el autor de tanto bien podemos descansar!

El mundo entero es del Padre celestial;
el pájaro, la luz, la flor proclaman su bondad.
¡De Dios el mundo es! El fruto de su acción
se muestra con esplendidez en toda la expansión.

El mundo entero es del Padre celestial;
y nada habrá de detener su triunfo sobre el mal.
¡De Dios el mundo es! Confiada mi alma está,
pues Dios en Cristo, nuestro Rey, por siempre reinará.

(Trad. F. Pagura)

18

LA PERCEPCIÓN DE NUESTRA PLENITUD EN JESUCRISTO

¡Oh Señor Jesucristo!, a ti que eres el Verbo viviente, te invito a que vivas en mi corazón y que fluyas desde él al mundo que me rodea. Ayúdame a abordar aquellas cosas en mi vida que te impedirían hacer todo lo que quisieras hacer en mí y por medio de mí. Amén.

Todo el mundo habla de la Biblia y, sin embargo, a veces me pregunto en qué porcentaje de la Biblia creen en realidad. Partiendo de mi experiencia con las Escrituras, solo hay dos maneras de abordarlas.

Una forma de abordar las Escrituras es traerlas hasta nuestro nivel y comprenderlas a la luz de nuestra experiencia personal. La otra manera es subir hasta el nivel de las Escrituras y entenderlas a la luz de su propia intención y de su propósito.

La mayor parte de las veces extendemos las manos y tiramos de la Palabra de Dios hasta que nos resulta familiar, hasta que está a nuestro nivel, y entonces no nos convence mucho de pecado.

Normalmente, los hijos de Dios leen la oración que hace Pablo por los efesios a la luz de sus logros limitados:

Por esta causa doblo mis rodillas ante el Padre de nuestro Señor Jesucristo, de quien toma nombre toda familia en los cielos y en la tierra, para que os dé, conforme a las riquezas de su gloria, el ser fortalecidos con poder en el hombre interior por su Espíritu; para que habite Cristo por la fe en vuestros corazones, a fin de que, arraigados y cimentados en amor, seáis plenamente capaces de comprender con todos los santos cuál sea la anchura, la longitud, la profundidad y la altura, y de conocer el amor de Cristo, que excede a todo conocimiento, para que seáis llenos de toda la plenitud de Dios (Ef. 3:14-19).

Es una oración estupenda, pero a menudo los cristianos la consideran un ideal difuso, inalcanzable, que nadie puede tener la esperanza de alcanzar en esta vida. Es algo a lo que aspiras, un sueño, una esperanza, una perfección que te esquiva. Es como escalar una montaña que, a medida que asciendes metros, cada vez es más alta.

Me temo que este es el problema que hoy tiene la mayoría de los cristianos. Hemos desarrollado lo que yo llamo una psicología del contentamiento innoble. Queremos que nos consuelen cuando deberían estimularnos y hacernos sentir insatisfechos. Un descontento noble siempre es más deseable para el cristiano que un contentamiento innoble.

Hoy día son demasiados los que van por todo el país haciendo cristianos satisfechos. Esta es una de las peores cosas que se le puede hacer a la Iglesia: hacer que el cristiano esté satisfecho. No deberíamos aspirar al contentamiento, sino a tener sed y hambre de Dios. Mientras no sintamos esa sed y esa hambre, estaremos satisfechos, porque un hombre que no tiene hambre ni sed no entra en un restaurante o se acerca a una fuente. El único momento en que busca la manera de satisfacer su necesidad es cuando siente hambre o sed.

Seguramente tiene que haber un lugar mejor para nosotros,

la mayoría de los cristianos, que el que hemos encontrado hasta el presente.

Cada vez que alguien dice esto, hay alguno que sale corriendo de detrás de un arbusto o sale de entre el decorado y afirma que él o ella es precisamente como estamos diciendo. Cada vez que escribo un editorial para sostener que la Iglesia necesita profetas, alguien escribe y dice: "Tiene usted razón, y yo soy el hombre que busca". Cuando uno habla o escribe sobre la vida más profunda y dice al pueblo de Dios que deberían ser más espirituales de lo que son, alguien viene corriendo muy emocionado y dice: "Es cierto, y yo soy así".

Si sigues a ese tipo de personas, descubrirás, por norma, que no tienen lo que creen tener. No he visto a muchas personas que tengan lo que yo deseo en el área de la espiritualidad.

No quiero juzgar a nadie, pero simplemente echa un vistazo al fundamentalismo y al evangelicalismo modernos y formula esta pregunta: ¿Era de esto de lo que habló Jesús cuando nos dice qué iba a suceder después de que Él ascendiera al cielo? No lo creo. Si lo que veo alrededor de mí estos días es lo que describió Jesús, entonces se le puede acusar de haber exagerado la calidad del producto. Es culpable de una gran exageración, porque, ¿te has dado cuenta de que el Señor Jesucristo, mediante sus descripciones, fomentó las expectativas?

Por ejemplo, en Juan 4:14, Jesús dijo: "mas el que bebiere del agua que yo le daré, no tendrá sed jamás". Y en Juan 6:35, dijo: "Yo soy el pan de vida; el que a mí viene, nunca tendrá hambre". En Juan 7:38, Jesús dijo: "El que cree en mí, como dice la Escritura, de su interior correrán ríos de agua viva". En Juan 14:26, dijo que "el Consolador, el Espíritu Santo, a quien el Padre enviará en mi nombre, él os enseñará todas las cosas". En Juan 15:26, dijo que ese Consolador, "el cual procede del Padre, él dará testimonio acerca de mí"; y en Juan 16:8: "Y cuando él venga, convencerá al mundo de pecado, de justicia y de juicio". En Juan 17:24 pidió que sus discípulos "vean mi gloria que me has dado; porque me has amado desde antes de la fundación del mundo".

Estas cosas ¿son una realidad entre los cristianos de hoy?

Cuando llegamos a las epístolas, vemos que describen constantemente algo que tiene un sabor distinto a lo que encontramos alrededor de nosotros incluso en los mejores círculos evangélicos. Lee el Nuevo Testamento sin prejuicios, con una mente abierta, y capta el sabor, capta la fragancia espiritual, y luego huele cuando vayas a tu iglesia y entre las personas con las que te relacionas, a ver si la fragancia es la misma. El cristianismo moderno tiene algo sintético, y no es lo mismo que lo que vemos descrito en estos pasajes.

Los corintios eran las personas menos espirituales de entre todas aquellas a las que escribió el apóstol, pero si asistieran a una iglesia típica de hoy día, lo pondrían todo patas arriba porque eran unas personas con dones. Eran unas personas que se postraban sobre sus rostros y decían: "Dios está en este lugar". Tenían algo, contaban con algo sobrenatural. Aún padecían cierta carnalidad de la que Pablo intentó librarles, pero también disfrutaban de una gran espiritualidad, y sería ridículo comparar la iglesia corintia con nuestra iglesia promedio, porque nosotros no tenemos lo que ellos tenían. No estamos en el mismo punto que ellos. Estamos muy por debajo. Hemos reducido el Nuevo Testamento, y hemos arrastrado todas esas elevadas promesas y expectativas al nivel de nuestra mediocridad.

El hombre de Dios advirtió: "vamos adelante a la perfección". Me gustaría decir que, en términos espirituales, podrías estar en un lugar mejor del que te encuentras. Es posible que haya unos pocos que hayan ascendido a los montes y, desde esas cumbres deleitosas, hayan visto la ciudad de Dios. Podría ser que estuvieras a punto de cruzar el río y entrar en ella. Puede ser, pero hoy día la mayor parte del pueblo de Dios aún no está allí. Hay un lugar mejor para ti y quiero dirigirte a ese lugar. Para hacerlo, quiero que estés tan insatisfecho como me sea posible, porque esta es la única esperanza para todos nosotros.

Hay un lugar mejor para nosotros y, para llegar a él, no tenemos que modificar nuestra doctrina. Puedes ser una persona espiritual, santa, semejante a Cristo, adoradora, y no cambiar en absoluto tu doctrina. Todos tenemos la doctrina que necesitamos. No tenemos que importar a nadie que nos enseñe una doctrina nueva. No es que haya algo nuevo que tengo que aprender. Hay algo nuevo que debo experimentar, y lo que experimento se encuentra dentro del marco del evangelio sencillo, tal como lo conocemos. Sí, es cierto que tenemos el árbol; el problema es que no da fruto. El fundamentalismo y el evangelicalismo son como un árbol en invierno. No está muerto, porque queda vida en él, cierto, pero no florece. Dios nunca quiso que el árbol de la doctrina correcta se irguiese firme y frío, con el viento soplando entre sus ramas desnudas. Quiso que el árbol de la doctrina correcta floreciese y diera fruto.

No tenemos que buscar a un maestro de griego y buscar las anotaciones marginales de otra traducción, ni pedir a alguien que venga de otro país para que nos cuente todo esto. Lo único que tenemos que hacer es ponernos de rodillas con nuestro Nuevo Testamento y orar para superar esa frontera. La escalera que se afirmaba en la tierra y tenía su extremo superior a medio camino del cielo sigue ahí, y no necesitamos nada más, solo nuestras rodillas y un Nuevo Testamento.

¿Cuál es nuestro problema hoy?

Nuestro problema es que escuchamos un sermón tras otro y no llegamos a ninguna parte. ¿Por qué empujamos y empujamos el viejo carro colina arriba, y luego resbalamos y tenemos que volver al pie del montículo y volver a empujar el carro cuesta arriba? La iglesia promedio consiste en cincuenta y dos esfuerzos inútiles al año, más quizá dos o tres añadidos a los que llamamos "intentos de avivamientos". Creo que tendríamos que decir "intentos de avivamiento" en lugar de "avivamientos". En algunas zonas del país, los llaman "reuniones prolongadas". Creo que, posiblemente, es más honesto. Pero siempre vamos a parar donde estábamos antes.

En el terreno espiritual, el domingo saltamos, pero el lunes volvemos a caer. Entonces hacemos lo mismo, quizá un miércoles, y repetimos el proceso el siguiente domingo. A la luz de la pronta venida del Señor, esto es terrible; teniendo en cuenta el hecho de que a algunos de nosotros no nos queda mucho camino por recorrer, es espantoso.

¿Por qué pasa esto?

Esto pasa porque nos falta deseo. No sentimos el deseo que deberíamos tener, y el pueblo de Dios ya no siente hambre y sed. De vez en cuando me encuentro con alguien que tiene tanta hambre y tanta sed que casi se muere. No me preocupo mucho por esa persona, porque sé que llegará a alguna parte.

¿Por qué entre el pueblo de Dios hay tanta luz pero tan poco deleite? Los hijos del Señor ya no se alegran tanto en Dios. Tenemos que estimularnos, motivo por el cual tenemos a líderes de alabanza que son suaves como un sauce acunado por la brisa y pueden bailar cuando les apetezca, y saben cómo motivarnos y hacer que nos emocionemos. ¿Por qué no nos deleitamos en Dios y tenemos que buscar estímulos en otra parte? Te diré lo que preferiría hacer yo. Prefiero escuchar un concierto de media hora de música popular antes que estar en una presunta reunión cristiana donde tienen que incitarme en todo momento, mover los brazos y sonreír de oreja a oreja para que yo reaccione.

No disfrutamos del gozo que las Escrituras nos prometen. Hemos sustituido la luz por lo que llamamos *metodología*. Un grupo de personas se sientan y celebran lo que han dado en llamar una reunión de planificación.

Antes, el culto de alabanza se bastaba por sí solo y el gozo de unos atraía a los otros, y se humillaban delante de Dios por el puro placer que sentían gracias a la vida espiritual que les rodeaba.

Ahora todo es metodología. Enseñamos métodos. La reunión de planificación está formada por doce personas que en realidad no saben de lo que hablan, que se sientan a una mesa a compartir su ignorancia. Así es como van las cosas hoy. Hay mucha luz, pero poco deleite. Tenemos una gran cantidad de verdad, pero no florece.

Necesitamos que en nuestra comunión vuelva a haber grandes santos. Cuanto más grande sea el santo y más santo el hombre, menos probable es que admita que vale algo. Sin embargo, aquellos santos del pasado tenían un tesoro, recibían visiones de Dios, se les abría el cielo y disfrutaban de una enorme libertad, paz, gozo, deleite e intimidad con Dios. Puede que no sintieran lo mismo todos los días, pero sí disfrutaban de esas experiencias, y Dios lo puso por escrito en el gran "Salón de la Fe" de Hebreos 11.

Algunas personas envejecen y se vuelven espiritualmente mediocres. Han sido cristianas muchos años y han servido en la iglesia, pero aun así tienen una espiritualidad que es, como mucho, mediocre. Solíamos formular una pregunta muy pertinente: "¿Eres tan espiritual como lo eras la semana pasada?". Ahora nadie lo hace. Todo el mundo da por hecho su situación espiritual, lo cual desde mi punto de vista no es positivo. Tenemos que preguntar: "¿Cómo está tu alma este domingo por la mañana, hermano?". Y en lugar de eso, decimos: "¿Quién ganó el partido anoche?".

Cuando contemplamos a los santos del pasado, sentimos el deseo de preguntar: ¿qué hizo que esos santos fueran el tipo de personas que fueron? Fue la intensidad de su deseo de Dios.

Querían a Dios más que a cualquier otra cosa. Querían a Dios más que las facilidades, la comodidad, la fama, la riqueza, los amigos o la propia vida. Querían a Dios, el Dios trino, de tal modo que sus corazones clamaban por Él como el ciervo brama por las corrientes de las aguas.

Jesús me pide mi corazón
Anne Steele (1717-1778)

Jesús me pide mi corazón,
reclama mi deseo, mi alegría, mi cuidado;
mas, ¡ah!, ¡cuán muertos a las cosas divinas,
cuán fríos mis mayores afectos están!

Es el pecado, ¡ay!, con su temible poder,
el que aparta a mi Salvador de mi mirada;
¡oh, por una hora brillante y feliz
de sagrada libertad, dulce deleite!

¡Oh! Que brille tu amor y levante
mis poderes cautivos del pecado y de la muerte,
y llene mi corazón y vida con alabanza,
hasta que exhale mi postrer aliento.

A. W. Tozer (1897-1963) empezó su búsqueda de Dios, que duró toda su vida, a la edad de 17 años, después de escuchar a un predicador en las calles de Akron, Ohio. Tozer, teólogo autodidacta, fue también pastor, escritor y editor, y su uso poderoso de la palabra sigue cautivando el intelecto y el alma del creyente moderno. Escribió más de cuarenta libros. *La búsqueda de Dios* y *El conocimiento del Dios santo* se consideran clásicos modernos de la literatura devocional.

El reverendo James L. Snyder es un galardonado autor cuyos escritos han aparecido en más de 80 publicaciones periódicas y 15 libros. Se le reconoce como una autoridad en la vida y el ministerio de A. W. Tozer, y recibió un título honorífico de Doctor en Letras del Trinity College (Florida). Su primer libro, *In Pursuit of God: The Life of A. W. Tozer*, obtuvo, en 1992, el premio Reader's Choice concedido por *Christianity Today*. Gracias a su profundo conocimiento de Tozer, los herederos del escritor concedieron a James el derecho de publicar nuevos libros extraídos de más de 400 cintas de audio inéditas. James y su esposa viven en Ocala, Florida.

EDITORIAL
PORTAVOZ

NUESTRA VISIÓN

Maximizar el efecto de recursos cristianos de calidad que transforman vidas.

NUESTRA MISIÓN

Desarrollar y distribuir productos de calidad —con integridad y excelencia—, desde una perspectiva bíblica y confiable, que animen a las personas a conocer y servir a Jesucristo.

NUESTROS VALORES

Nuestros valores se encuentran fundamentados en la Biblia, fuente de toda verdad para hoy y para siempre. Nosotros ponemos en práctica estas verdades bíblicas como fundamento para las decisiones, normas y productos de nuestra compañía.

Valoramos la excelencia y la calidad
Valoramos la integridad y la confianza
Valoramos el mérito y la dignidad de los individuos y las relaciones
Valoramos el servicio
Valoramos la administración de los recursos

Para más información acerca de nuestra editorial y los productos que publicamos visite nuestra página en la red: www.portavoz.com